# On achète bien les cerveaux

**Éditions RAISONS D'AGIR**
27, rue Jacob, 75006 Paris
www.raisonsdagir-editions.org

editions@raisonsdagir-editions.org
ISBN : 978.2.912107.31.2

MARIE BÉNILDE

# On achète bien les cerveaux

## La publicité et les médias

RAISONS D'AGIR ÉDITIONS

*« La pub du XXI^e siècle*
*sera éthique ou ne sera pas. »*

Jacques Séguéla, 2005.

# INTRODUCTION

Un spécialiste de la publicité, ancien directeur général du cabinet Bernard Krief Communication, concepteur de la marque El Gringo chez le fabricant de café Jacques Vabre, s'est un jour dressé contre les abus d'un grand annonceur, les hypermarchés Leclerc. C'était le 18 février 2005, au Perreux-sur-Marne, alors que de grandes affiches détournées de l'atelier populaire de 1968, dite « ex-école des Beaux-Arts », recouvraient la France entière. Au vu de cette image bien connue représentant un CRS levant sa matraque au-dessus d'un bouclier, icône que le PDG des hypermarchés avait détournée en frappant le bouclier d'un code-barres, le communicant avait flairé la manipulation derrière le slogan : « La hausse des prix oppresse votre pouvoir d'achat ». Le PDG voulait faire entendre la voix de ses intérêts contre la loi Galland, qui limite en France la baisse des prix. Mais notre spécialiste du marketing, un certain Jean-Pierre Raffarin, alors Premier ministre, a vite trouvé l'argument qui tue : « *S'ils veulent baisser les prix, ils n'ont qu'à mettre l'argent de la publicité dans la baisse des prix.*[1] »

Notre expert a une qualité dont il s'est longtemps prévalu : du bon sens. Si les grandes entreprises avaient effectivement injecté dans la baisse des prix ne serait-ce que 10,2 % de leurs dépenses de publicité, soit l'équivalent de la croissance en 2004 de leurs budgets publicitaires, pas moins de 1,8 milliard d'euros auraient pu être dégagés en faveur du pouvoir d'achat des ménages. Le lien est en effet mécanique: en septembre 2004, il a suffi que Nicolas Sarkozy, alors ministre de l'Économie, négocie une baisse de 1 à 2 % des prix des produits de grandes marques pour que l'envolée des dépenses de publicité sur les huit premiers mois de l'année (+ 12 %) se ralentisse au cours des quatre mois restants (+ 7,8 %). En 2005, la hausse était encore de 5,9 %, selon l'institut Taylor Nelson Sofres, mais le secteur des marques alimentaires avait, lui, réduit ses investissements publicitaires de 8,4 %[2]. La démonstration était faite que seul l'interventionnisme de l'État, en l'occurrence d'une portée toute symbolique mais suffisante pour satisfaire les appétits électoralistes de Nicolas Sarkozy, était en mesure d'enrayer la course folle des « investissements » en communication.

En dix ans, les dépenses publicitaires ont augmenté en France de près de 10 milliards d'euros, pour atteindre 31,8 milliards en 2005 (soit 2 % du produit intérieur brut) selon l'Union des annonceurs, qui estime que la communication est souvent le premier poste de dépenses des entreprises après les salaires. Quels bénéfices en a tirés le consommateur? Malgré les incessantes opérations de promotion, les cartes de fidélité, les coupons de réduction et les forfaits en tout genre, la hausse des prix s'est accélérée après le passage à l'euro. Les promesses d'économies tant vantées par la publicité ne se sont guère retrouvées dans le pouvoir d'achat des ménages : selon l'Insee, ces derniers ont, entre 2000 et 2005, rogné de 10 milliards d'euros leurs dépenses alimentaires pour se loger, faire face à la hausse de leur facture d'énergie, mais aussi pour répondre aux sirènes de la société des loisirs et de la communication. Au risque d'amplifier, par de tels arbitrages défavorables à l'alimentation, un phénomène d'obésité qui touche les catégories sociales les plus vulnérables, les publicitaires ont été les fabricants zélés d'une économie du désir qui a permis à quantité de produits high-tech dans la téléphonie, les jeux, la télévision ou Internet de trouver leur marché. Le marché du divertissement, qui va des loisirs-spectacles aux médias en passant par la téléphonie, les nouvelles technologies ou la musique, ne doit ainsi son existence qu'aux milliards d'euros investis dans la publicité. Habiles au jeu de la « filière inversée » chère à l'économiste américain John Kenneth Galbraith, les industriels ont compris la nécessité de porter à son paroxysme l'orchestration du désir de consommation avant de produire. Car telle est la caractéristique d'une société où la productivité est virtuellement illimitée, du fait de l'automatisation industrielle et de la mondialisation : le contrôle de l'appareil de production compte moins que la maîtrise des aspirations consuméristes. La publicité joue donc ce rôle essentiel de modeler les besoins et les attentes des individus en fonction de la demande économique.

Pour faire accepter ce nouvel ordre social, qui place le consommateur au centre de la dynamique économique, les acteurs du marché publicitaire ont fait office de propagandistes talentueux (et parfois inconscients) d'une idéologie dominante. Dans une société où l'ascenseur social est en panne, ils ont fourni des signes de reconnaissance symbolique en entretenant l'adhésion à des marques qui fonctionnent comme autant d'archétypes de positionnement identitaire. Invités à s'accaparer l'imagerie publicitaire au moins autant que les produits ou les services auxquels elle se rattache, les consommateurs ont été conduits à se prendre au jeu d'une « culture pub » perpétuant les rapports dominants-dominés au nom d'une « légitime » aspiration à la consommation. Davantage qu'un simple reflet de la société économique moderne, la publicité suscite l'acceptation de celle-ci dans toutes ses composantes: inégalitarisme, violence sociale, domination masculine, stéréotypes communautaires, etc. Elle fabrique les envies, les rapports sociaux, les clivages générationnels, les normes esthétiques sans lesquels il n'est pas de société capitaliste, c'est-à-dire une société où l'accumulation du capital est un but en soi, permettant d'accéder à la société de consommation.

Bien plus qu'une émanation superficielle de la société néolibérale, la «pub» en est donc un des composants moteurs. Par *l'affectio societatis* qu'elle suscite avec ses gentils créatifs à l'humour patent, elle façonne jour après jour l'acceptation d'un mode de vie. Les publicitaires eux-mêmes, issus pour la plupart de la génération post-1968, contribuent à entretenir l'illusion d'une contestation. Fils de famille émancipés dans une forme commune de détestation de l'État, symbolisé par un ORTF limitant à leurs yeux les prouesses de la communication moderne, ils ont trouvé dans le credo de la libéralisation des ondes une voie nouvelle susceptible de retraduire leur désir de créativité en monnaie sonnante et trébuchante. Depuis le premier spot de publicité télévisé, en 1968, jusqu'aux nouveaux canaux de diffusion sur Internet, aux consoles de jeux et aux téléphones portables, en passant par l'éclatement de l'ORTF en 1974, l'émergence des radios FM privées dans les années 1980, la privatisation de la télévision hertzienne en 1986 et l'arrivée des quotidiens gratuits en 2002, chaque épisode de l'histoire récente des médias a joué en faveur d'une expression plus ample de la publicité. En 1968, le téléspectateur n'était soumis qu'à 2 minutes par jour d'écrans publicitaires; il faut multiplier ce chiffre par 72 pour obtenir la durée quotidienne maximale de publicité autorisée en 2006 sur les chaînes hertziennes (144 minutes).

Parallèlement, au mépris des règlements locaux en matière d'urbanisme, les affiches se sont multipliées sur les murs des villes et de leur périphérie; les imprimés publicitaires ont investi les boîtes aux lettres; les manifestations sportives se sont transformées en foires commerciales… Face à l'invasion sans cesse renouvelée des marques, on peut penser qu'une forme d'indifférence ou de lassitude commence à s'exprimer. Et les agences de publicité se trouvent obligées de rechercher dans de nouveaux territoires de communication, voire dans les neurosciences, les moyens de légitimer leurs actions auprès de leurs commanditaires.

De leur côté, les médias ont accru leur dépendance à l'égard d'une manne synonyme de bénéfices ou, du moins, d'équilibre économique des entreprises de presse. En s'ouvrant à l'argent des annonceurs, ils se soumettent à des groupes de pression: les grandes agences de publicité sont à la fois des pourvoyeuses de fonds et des vigies attentives aux intérêts de leurs clients. Loin de se limiter à la mise en scène des produits de leurs mandants, les groupes de publicité – Publicis, Havas, WPP, Interpublic – sont devenus des empires chargés d'accompagner et de conseiller les grandes entreprises. La création publicitaire n'est qu'un de leurs métiers, car ils sont aussi à la manœuvre sur la communication interne ou externe, les relations presse ou publiques, l'achat d'espace publicitaire, les Salons ou les événements commerciaux, le marketing téléphonique, le mécénat, le parrainage des compétitions sportives, les offres d'emploi ou la santé. La trajectoire de Maurice Lévy, PDG de Publicis et conseiller des plus grands patrons du CAC 40, illustre bien l'influence qu'exercent les publicitaires sur le fonctionnement du capitalisme français. Son prédécesseur, Marcel Bleustein-Blanchet, fondateur de Publicis en 1926, s'était fait un nom en obtenant les budgets publicitaires d'entreprises aux mains du pouvoir gaulliste. Maurice Lévy a ajouté à sa palette de relations les plus grands patrons privés, dont il défend jalousement les intérêts.

Présents lors des campagnes de privatisation ou de fusions-acquisitions, dans les agences d'achat d'espace publicitaire comme dans les régies de la presse quotidienne, les groupes de publicité agissent ainsi tant sur l'offre économique ou la vie des affaires que sur la demande de consommation et le degré d'acceptation de l'ensemble par les médias. Ces derniers, dépendants de leurs clients annonceurs, témoignent chaque jour de leur étroite symbiose avec les intérêts d'un marché qui valorise les classes possédantes et entretient les aspirations consuméristes.

Dans les pays développés, la pression publicitaire atteint ainsi une telle ampleur qu'elle génère de multiples effets pervers dont on commence seulement à prendre la mesure: altération du fonctionnement des médias, menaces sur l'information, concurrence faussée, envahissement des marques, aliénation de l'individu… La publicité n'a plus rien d'une douce musique d'ambiance mais s'impose à nous sous son vrai visage: une idéologie au service de la préservation d'un ordre économique et social.

## LE PUBLICITAIRE, UN PROFIL NORMALISÉ

La publicité a ses mythes et ses héros. Difficile de songer à cette profession sans penser à Marcel Bleustein-Blanchet (Publicis) ou à Jacques Séguéla (Euro RSCG). Le premier, fondateur de Publicis, était un autodidacte qui fit d'une petite entreprise commerciale un des leaders mondiaux de la publicité. Le second, fils d'un radiologue, a créé sa légende de touche-à-tout de la communication après avoir obtenu un doctorat de pharmacie et s'être exercé au journalisme à *France-Soir*. Cette variété des parcours reflète mal un métier qui s'est, au sommet, uniformisé par sa très forte proximité avec les cercles de décision de l'industrie et du commerce. En témoigne l'arrivée, en 2005, de l'industriel Vincent Bolloré, 451e fortune mondiale selon le magazine *Forbes*, à la présidence de Havas (Euro RSCG), premier groupe publicitaire français. Sociologiquement, de Jean-Marie Dru (BDDP) à Mercedes Erra (Euro RSCG) en passant par Philippe Calleux (FCA), Jean-Michel Goudard (Euro RSCG) ou Vincent Leclabart (Australie), on ne compte plus les grands publicitaires diplômés de HEC et enfants d'industriels, de présidents de société ou de directeurs commerciaux. Cette tendance, qui touche les dirigeants de publicité nés dans les années 1940 et 1950, se retrouve avec quelques variantes dans la génération de la décennie suivante. Un diplôme d'école de commerce ou de gestion va souvent de pair avec une grande homogénéité sociale. L'attestent les parcours de Nathalie Rastoin (Ogilvy), fille de magistrate et diplômée de HEC, d'Éric Tong Cuong (La Chose), fils d'ingénieur et diplômé de HEC, de Nicolas Bordas (TBWA), fils de directeur de banque et diplômé d'une école supérieure de commerce, de Philippe Lentschener (Publicis), fils d'un promoteur immobilier et titulaire d'une maîtrise de gestion à Dauphine… Quoi de plus logique ? En termes de profil de carrière, le dirigeant d'agence de publicité est très près de ses clients annonceurs. Il ne faut donc pas s'étonner qu'il dispose d'un diplôme de gestion, à l'instar de Franck Tapiro (Hémisphère Group) ou de Guy Chauvel (J. Walter Thompson). Certes, cette courte liste n'est pas représentative de l'ensemble d'une profession qui compte aussi des profils plus artistiques ou littéraires (Rémi Babinet à Euro RSCG, ou Pierre Berville à Callegari Berville Grey, par exemple). Ils occupent essentiellement les fonctions de directeur de la création, de concepteur-

rédacteur ou de directeur artistique. Là, les milieux d'extraction sont plus diversifiés – quoique appartenant souvent à des catégories sociales supérieures – et les diplômes de gestion sont concurrencés par les formations en communication (du type Celsa ou DESS) ou les écoles d'art et de publicité. Mais, outre que ces derniers accèdent rarement aux commandes de leur agence, ils sont davantage touchés par une forme de précarité liée au jeunisme ambiant: «À cinquante ans, il faut savoir partir», soutient Jean-Luc Bravi (DDB Louis XIV) qui compare la carrière d'un publicitaire à celle d'un sportif de haut niveau: «intense, grassement payée mais courte[3]».
Pour quelques stars du métier touchant effectivement des centaines de milliers d'euros annuels, le lot commun des salariés de la publicité est pourtant nettement moins reluisant: en baisse de 2,4 % en 2005, le salaire annuel brut moyen y est de 33529 euros, avec 65 % de cadres (source : AACC, 2005); près de la moitié des effectifs des agences (46 %) ont entre 25 et 35 ans, sans compter les nombreux stagiaires. Au total, les agences-conseils en communication emploient 23900 salariés (source : Insee, 2000), chiffre qui a tendance à baisser. Si l'on inclut les agences, les sociétés de gestion commerciale des supports et les études de marché, la publicité fait vivre 129214 personnes en France, dont 116894 salariés, pour un chiffre d'affaires de 23,2 milliards d'euros, selon l'Insee.

# 1

# Des cerveaux disponibles

En 2004, Patrick Le Lay, PDG de TF1, a fait scandale avec une déclaration demeurée célèbre: « *À la base, le métier de TF1, c'est d'aider Coca-Cola, par exemple, à vendre son produit* [...]. *Or, pour qu'un message publicitaire soit perçu, il faut que le cerveau du téléspectateur soit disponible. Nos émissions ont pour vocation de le rendre disponible: c'est-à-dire de le divertir, de le détendre pour le préparer entre deux messages. Ce que nous vendons à Coca-Cola, c'est du temps de cerveau humain disponible.* » Publiée dans *Les Dirigeants face au changement* (éditions du Huitième jour), un livre destiné au patronat français, cette formule serait probablement restée ignorée du grand public si une journaliste de l'Agence France-Presse ne s'en était faite l'écho. La déclaration du patron de TF1 a été interprétée comme une marque de cynisme. Révélation involontaire d'une sorte de secret industriel, elle traduit surtout une réalité d'entreprise. Le 23 novembre 2005, sur RTL, le même homme revenait sur sa fameuse formule avec une petite variante freudienne: « *Quand vous faites de la pub, vous essayez quand même de faire passer votre message dans – on ne va pas utiliser le mot "cerveau" car ça choque – l'inconscient, l'esprit du téléspectateur.* »

Le 3 avril 1987, alors qu'il se portait candidat aux côtés de Francis Bouygues à l'acquisition de la première chaîne française devant la CNCL, l'ancêtre du Conseil supérieur de l'audiovisuel, Patrick Le Lay tenait un tout autre discours. Il promettait alors 26 films de ciné-club par an, 8 concerts de musique classique, 8 spectacles lyriques et chorégraphiques « *type festival d'Aix, Bayreuth, chorégraphies d'Orange* » et même un conseil des jeunes pour aider à leur orientation. Surtout, il prenait l'engagement de ne pas consacrer plus de six minutes par heure à la publicité, ajoutant : « *La limite horaire de douze minutes nous paraît raisonnable.* » Il écartait alors bien sûr les « *publirédactionnels* », les « *introductions de produits à l'antenne* » et les « *émissions qui seraient centrées sur les produits de grande consommation* ». Pourquoi tant de préventions ? « *Dans une chaîne de télévision,* expliquait-il, *il y a un cycle infernal entre la recette publicitaire, l'audience et la qualité du programme*[4] ».

Près de vingt ans plus tard, alors que TF1 dénonce la limite légale de douze minutes de publicité par heure fixe aux horaires de « prime time », le cycle infernal est à l'œuvre. En 2006, la chaîne de Patrick Le Lay a renouvelé son accord avec le producteur néerlandais Endemol pour des programmes de télévision-réalité qu'il qualifiait, cinq ans plus tôt, de « *télé poubelle* ». Cotée en Bourse, la chaîne du groupe Bouygues se condamne à augmenter d'année en année ses recettes de publicité pour se valoriser sur les marchés financiers. Or, en vingt ans, les annonceurs sont devenus plus exigeants. Suivies par des contrôleurs de gestion, des directeurs d'achat ou des spécialistes de l'audit des médias, leurs dépenses publicitaires à la télévision doivent faire la preuve de leur efficacité et du « retour sur investissement » qu'elles apportent. Et pour cause : le consommateur moyen est déjà exposé à 3 000 messages par jour. Pour cela, les régies ont multiplié les études sur l'impact, la mémorisation, la puissance du petit écran. Mais, devant la concurrence croissante des prospectus, des nouveaux médias et d'Internet, elles cherchent aussi à maximiser leurs profits en mettant en évidence l'influence de la télévision sur la rétention inconsciente des messages publicitaires.

## IMPACT ET MÉMOIRE

Le Syndicat national de la publicité télévisée (SNPTV, dont la présidente n'est autre que Claude Cohen, par ailleurs présidente de TF1 Publicité), s'intéresse depuis peu à ce qu'il nomme les « *mécanismes mémoriels non conscients* ». À même d'influencer les choix, les préférences et les prises de décision du consommateur, cette mémoire « implicite » des spots de publicité serait de nature à prouver la supériorité du média audiovisuel auprès des annonceurs. C'est le pari de l'institut Impact Mémoire, qui, en association avec le SNPTV, s'ingénie à tirer parti des enseignements fournis par les « *techniques d'imagerie cérébrale fonctionnelle* ». Fort d'études scientifiques réalisées sur « *les activations cérébrales générées par les différents types de perception* », il a par exemple convoqué 120 personnes sous le prétexte de tester leur vivacité visuelle. Pendant que les cobayes s'employaient à cocher des petits carrés verts défilant sur leur écran d'ordinateur, des publicités étaient diffusées de façon ininterrompue sur un poste de télévision placé en évidence. La même expérience était menée parallèlement, le téléviseur étant remplacé par des spots radio ou par des affiches. Bien évidemment, c'est le média qui associe le son et l'image qui obtint le meilleur score de mémorisation inconsciente des messages publicitaires. Un test qu'aurait pu réaliser La Palice et qui prêterait plutôt à sourire s'il n'était assorti d'un discours pseudo-scientifique lourd de conséquences.

Au cours d'une conférence donnée à l'occasion d'une « Semaine de la publicité », en novembre 2003, Bruno Poyet, cofondateur d'Impact Mémoire, qui a pour client SFR, Nestlé, la Société générale, Lacoste, Seb ou *Le Monde*, en a résumé le propos : « *On a montré que pour constituer des souvenirs durables, il était important d'accrocher les nouvelles informations à des informations déjà existantes. Plus l'information est riche, plus elle s'accrochera à des réseaux déjà présents dans le cerveau et plus la trace mnésique sera importante. L'attention est aussi nécessaire à une bonne rétention mnésique. Or une forte connotation émotionnelle accentue l'attention. Une importante charge émotionnelle génère la sécrétion de certaines substances par l'amygdale, lesquelles favorisent la mémorisation. Si un message publicitaire est suffisamment riche du point de vue émotionnel et attractif du point de vue attentionnel, il a de bonnes chances d'être retenu*[5]. » Générer de l'attention, même non intentionnelle, par la fabrication d'émotions, tel est le terrain sur lequel les chaînes, à l'écoute de leurs régies publicitaires, vont s'engouffrer.

C'est donc ce « contexte émotionnel » propice à la publicité que TF1 cherche à élaborer à travers ses programmes. La chaîne, qui draine 54 % des dépenses publicitaires en télévision, s'est déjà constitué au fil des temps une grille susceptible de générer le maximum d'audience « utile » (ménagères de moins de 50 ans, personnes responsables des achats, femmes actives). Séries télévisées, téléréalité, films à grand succès : les émissions qui en découlent, indifférentes aux goûts des plus âgés, sont donc formatées pour séduire ces cibles considérées comme « surconsommatrices ». Quant aux œuvres télévisuelles, elles sont scénarisées en fonction des coupures publicitaires. D'où la multiplication des fictions de cinquante-deux minutes qui permettent d'aménager des soirées de « prime time » avec deux numéros d'une même série et surtout trois écrans publicitaires. Mais il en fallait plus pour convaincre les annonceurs de continuer à surinvestir dans une chaîne qui ne rassemble qu'un tiers des téléspectateurs de plus de 4 ans. Forte des travaux de l'institut Impact Mémoire, la régie TF1 Publicité a donc mis l'accent sur l'impact de ses écrans publicitaires en termes de mémorisation. En novembre 2003, elle faisait ainsi paraître dans la presse spécialisée une page de publicité où figurait un cerveau entouré d'une bande vidéo portant le slogan : « *Nos téléspectateurs ne peuvent s'empêcher de regarder nos écrans* ». Cette communication était accompagnée d'un commentaire éloquent : « *Un écran placé au milieu d'un programme de TF1 obtient 23 % de mémorisation supplémentaire.* »

Comment la chaîne du groupe Bouygues parvient-elle à creuser l'écart dans le souvenir que le téléspectateur conserve de ses écrans publicitaires ? Certes, le volume sonore de ses séquences de publicité est notoirement plus fort que dans ses programmes : 22 % des écrans mesurés pendant un mois après le journal télévisé présentent un écart supérieur à 1 décibel. Mais il en va de même pour France 2, où cette variation peut être observée sur 28 % des séquences publicitaires[6]. La différence serait-elle alors à chercher dans les émissions elles-mêmes ? Outre Bruno Poyet (également président de l'agence Climat Médias), Impact Mémoire a pour cofondateurs un psychologue spécialiste des sciences cognitives, Olivier Koenig, et le neurologue Bernard Croisile. Ce dernier, réagissant en octobre 2004 aux propos de Patrick Le Lay sur le « *temps de cerveau disponible* », a estimé que « *d'un point de vue scientifique, il n'existe aucune étude permettant de prouver que le contenu d'une émission conditionne la réponse aux publicités qui vont suivre* ». Mais il s'empressait d'ajouter :

« *Ce que l'on peut dire, c'est que lorsqu'on est dans une situation émotionnellement positive, on va mieux retenir les éléments positifs, de même que les dépressifs vont, eux, mieux assimiler les informations négatives*[7]. »

Une telle fonction émotionnelle est mise en évidence par le Media Institute, un organisme professionnel qui réunit des agences d'achat d'espace et des régies publicitaires. C'est au sein de cet institut de formation que sont étudiées les incidences de « l'environnement programmes ». Il s'agit de caractériser l'audience brute, qui mesure l'adéquation avec la clientèle visée par les marques, au regard d'éléments d'appréciation objectifs qui déterminent si tel programme, y compris le journal télévisé, s'inscrit dans le registre de l'émotionnel (couleurs du plateau, habillage de l'émission, choix des animateurs, style d'énonciation, multiplicité des témoignages « vécus », etc.) plutôt que dans celui de l'analyse. Cette dernière développe un esprit critique, donc négatif, peu favorable à la consommation des spots. Il s'ensuit que tout écran publicitaire de TF1 diffusé à la suite d'un journal télévisé où l'emporte la charge émotionnelle de l'expérience vécue, ou avant un programme de divertissement pur, est jugé préférable à une émission de qualité du service public. Pour Bruno Poyet, « *la télévision engendre davantage d'hédonisme et d'attention que les autres médias et assure un meilleur ancrage et une meilleure attribution*[8] ». Offrir au téléspectateur le plaisir émotionnel qu'il est censé attendre, c'est aussi ce que recherchent les annonceurs, qui s'efforcent d'obtenir, dans les programmes, une meilleure assimilation de leurs stratégies de communication.

## COCA-COLA ET TF1

L'exemple de Coca-Cola n'a pas été pris au hasard par Patrick Le Lay. En 2003, soit un an avant sa fameuse déclaration, sa chaîne avait signé avec cet annonceur un partenariat privilégié ciblant les jeunes. Il comprenait la diffusion de spots de publicité ainsi que la création d'un clip musical, *Chihuahua*, interprété par le chanteur DJ Bobo et diffusé plus de 200 fois sur l'antenne. Hasard de la programmation (!), cette musique déversée à haute dose et qualifiée de « *danse de l'été* » par la chaîne, était précisément celle utilisée par Coca dans son spot publicitaire. Avec 1,2 million de disques vendus, des millions de téléspectateurs touchés, et un score d'attribution à la marque Coca-Cola proche de 80 %, la chansonnette a dépassé toutes les espérances. Un tel « partenariat stratégique » n'a pas indisposé le Conseil supérieur de l'audiovisuel. En 2004, la vénérable institution renonçait à une procédure de sanction contre la chaîne, estimant n'avoir « *pas eu la certitude que TF1 poursuivait, par la programmation de cette vidéomusique, un but publicitaire, élément constitutif de la publicité clandestine*[9] ». Coca-Cola recourt pourtant de plus en plus fréquemment à la musique pour s'infiltrer dans l'univers culturel des jeunes consommateurs. En 2005, la firme lançait par exemple l'opération « Réveille ton talent », une sorte de Star Academy aux couleurs de la marque qui suscita 35 000 inscriptions de jeunes apprentis chanteurs attirés par la perspective de se produire à l'Olympia.

La compagnie Coca-Cola veille à son image de marque. Célèbre de par le monde, notamment grâce à ses couleurs rouge et blanche, la firme est considérée par les spécialistes du marketing comme un as du *branding*, technique qui vise à décliner une marque sur un maximum de supports, voire à s'immiscer dans les contenus. Dès son invention, en 1886, par le pharmacien John S. Pemberton, « The Coke » a fait sa fortune en combinant deux recettes d'addiction : la présence de cocaïne dans les premiers flacons commercialisés durant deux décennies et le recours massif à la réclame. Sous l'influence de Franck S. Robinson, concepteur et imprimeur de publicités en bichromie, cette technique va assurer les beaux jours de l'entreprise[10]. En 1892, Coca-Cola affiche déjà l'un des principaux budgets publicitaires du pays. Vingt ans plus tard, on retrouve le fameux logotype sur des annonces de presse mais aussi des calendriers, des cendriers, des boîtes d'allumettes ou des lithographies. Pour la firme, un seul mot d'ordre : être « partout et tout le temps », *every day everywhere* comme dit son film institutionnel, de façon à toucher un maximum de consommateurs. « *La répétition peut venir à bout de tout. Une goutte d'eau finira par traverser un rocher. Si vous frappez juste et sans discontinuer, le clou s'enfoncera dans la tête* », déclare un dirigeant de la firme[11]. Laquelle appliquera avec constance cette « mercatique » à coups de marteau afin de domestiquer notre inconscient pavlovien. Il en va de la « présence à l'esprit » de la marque, compte tenu de la déperdition inhérente à toute pression publicitaire. « *Une enquête a confirmé que 85 % de l'ensemble des messages publicitaires parvenant à un auditoire ne l'atteignent pas. Sur 15 % restants, 5 % provoquent des effets contraires ("effet boomerang") à ceux que l'on recherchait. Et seulement 10 % agissent en principe positivement. Encore faut-il savoir que ces 10 % se réduisent, au bout de 24 heures, par oubli, à simplement 5 %. La déperdition atteint donc 95 % des messages publicitaires émis*[12]. » En cinquante ans, Coca-Cola a produit plus de 20 000 spots différents dans le monde pour parvenir à laisser une trace rémanente dans l'esprit du téléspectateur. Mais c'est essentiellement sur la répétition d'un même logo que la firme a misé pour imprimer sa marque dans la part psychique qui l'intéresse le plus: l'inconscient du consommateur.

## LES NEUROSCIENCES AU SERVICE DES MARQUES

Pour favoriser la réception du message et affiner sa pertinence, il importe de travailler sur la création publicitaire. Sous l'influence des gros annonceurs et de leurs milliards d'euros, les professionnels sont néanmoins convaincus que le talent des «créatifs» ne suffit plus. Il faut désormais conférer aux messages de publicité la valeur d'une vérité quasi scientifique. Plusieurs disciplines, comme la psychologie, la sémiologie ou la sociologie, œuvrent aujourd'hui au service de cet «*art de persuader*» dont se réclame la publicité[13]. Même le mouvement des yeux et l'activité des pupilles sont filmés et décortiqués lors d'un test dit d'*eye camera*, où l'on suit le parcours de l'œil devant un message publicitaire. Ne reste plus à une marque comme Coca-Cola qu'à pénétrer les méandres de notre cerveau pour connaître avec précision les motivations de l'acte d'achat et de consommation. Impossible? Ce n'est pas ce que pensent les apôtres de la rencontre entre les neurosciences et le marketing. Depuis peu, la multinationale américaine s'intéresse à cette discipline nouvellement appliquée aux problématiques marchandes.

À l'été 2003, Read Montague, neurologue au Baylor College of Medicine à Houston, met en évidence que si un test gustatif à l'aveugle est plus favorable à Pepsi, il n'en va pas de même dès lors que la boisson est clairement identifiée comme étant du Coca-Cola: les participants à l'expérience déclarent alors préférer le soda aux couleurs rouge et blanche. La démonstration est ainsi faite de la supériorité de la marque Coca sur celle de Pepsi. Pour cela, le scientifique a recouru à une technique jusqu'alors utilisée à des fins médicales (détection des tumeurs ou des accidents cérébraux) : l'imagerie à résonance magnétique (IRM). En suivant l'activité cérébrale de ses « patients », le professeur Montague a observé qu'une région précise du cerveau, propre aux mammifères, est sollicitée lorsque ses cobayes visionnent l'image du produit : le cortex préfrontal médian. Alors que le test à l'aveugle impliquait l'aire cérébrale dite du « putamen ventral », liée à la notion de plaisir, la région clé du neuromarketing fait appel à la mémoire et joue un rôle important dans les processus cognitifs. « *L'idée même de Coca-Cola active des structures dans votre cerveau qui commandent votre comportement. Voilà comment l'esprit prend le pouvoir sur l'instinct* », affirme Read Montague dans le *Los Angeles Times*[14]. En avril 2004, la faculté de médecine de Baylor organise à Houston le premier symposium mondial consacré aux applications marketing de l'imagerie neuronale.

Trois ans auparavant, à Atlanta, siège de la Coca-Cola Company, l'institut Brighthouse, fondé par le publicitaire Joe Reyman, mettait sur pied un groupe, le Brighthouse Neurostrategies, chargé de commercialiser les enseignements marketing tirés des neurosciences. Son directeur scientifique, Clint Kilts, aboutissait aux mêmes conclusions que son « confrère » de Houston en localisant dans le cortex préfrontal médian la zone du cerveau réactive aux images publicitaires. Mais il observait que cette réaction est d'autant plus significative que le sujet visualise l'image d'un produit auquel il s'identifie, qui le pousse à dire « *c'est exactement moi*[15] ».

En effet, la fameuse région clé du neuromarketing est également associée à l'image de soi et à la connaissance intime que l'on a de soi-même. Les patients dont le cortex préfrontal médian est endommagé, à la suite d'un accident par exemple, souffrent souvent de changements de personnalité. Après avoir scanné des cerveaux de consommateurs, Kilts affirme que les « neuromarketers » peuvent certifier à une entreprise que ses produits sont, ou non, en mesure d'établir une connexion utile pour ses ventes. En cas de réaction du cortex préfrontal médian, le sujet ne réfléchirait plus; il serait saisi d'une envie folle d'acheter: « *À ce niveau-là*, explique Kilts au journaliste du *New York Times* venu lui rendre visite, *c'est intuitif: vous dites je vais faire cela, je le veux.* » Comme l'explique Annette Schäfer dans un article de la revue *Cerveau et Psycho*, « *voici donc le moteur du commerce. Ce cortex préfrontal médian nous fait aimer ce qu'aiment les autres. Arriver à le stimuler pourrait donc être un objectif majeur d'une parfaite campagne publicitaire*[16]. » En activant cette aire du cerveau, les neuromarketers réussiraient en effet une alchimie parfaite: l'opération qui consiste à transformer tout amour de soi en tant que soi – le narcissisme – en amour de soi en tant qu'autre – une cible publicitaire!

Charlatanisme ou vérité scientifique? À vrai dire, peu importe aux marchands! L'essentiel est que les annonceurs y croient. Comme le note le *New York Times*, le gros problème de la publicité a été résumé au XIX^e^ siècle dans une phrase restée célèbre d'un certain John Wanamaker: « *La moitié de l'argent dépensé par un annonceur l'est en pure perte, mais on ne sait pas de quelle moitié il s'agit.* » En mai 2004, une étude de la Deutsche Bank[17] qualifiait les dépenses publicitaires de « gâchis », arguant de la difficulté de prouver le retour sur investissement d'un spot de publicité. Jusqu'à une date récente, la technique la plus couramment utilisée pour démontrer les bienfaits de la communication reposait sur les *focus groups*. Les industriels américains dépensent 1 milliard de dollars par an dans ces réunions qui ont pour principal inconvénient de faire dire à des consommateurs ce que les spécialistes du marketing veulent entendre. Évidemment, si un savant Cosinus descendait de son étoile pour marquer du sceau de la science le choix de telle ou telle stratégie de marque… la publicité deviendrait alors incontestable.

## L'EUROPE, LABORATOIRE DU NEUROMARKETING

En Europe aussi, les applications marchandes des neurosciences se banalisent. À l'université Ludwig-Maximilian de Munich, sous l'égide du professeur Ernst Pöppel, des « neuro-économistes » (psychologues, neurologues, radiologues, informaticiens et spécialistes du marketing) travaillent déjà avec l'agence BBDO de Düsseldorf sur le concept nouveau de *brainbranding*. Il s'agit de déterminer comment certaines marques peuvent entrer dans la « mémoire épisodique » du cerveau. Ou comment compter au nombre des 200 ou 300 marques mémorisées, sans assistance extérieure, sur les 60 000 existantes. Toujours en Allemagne, le centre hospitalier d'Ulm a accepté en 2003 de scanner des cerveaux pour le compte de Daimler Chrysler. Soumis à des images de voitures haut de gamme, 12 individus de sexe masculin ont fait ressortir l'importance du « noyau accumbens » dans l'appréciation des véhicules : l'attirance pour une voiture se manifeste dans le cerveau par l'activation de cette zone liée au sentiment de récompense. Comme s'il s'agissait d'un être aimé, l'objet de consommation devient alors un objet de désir à travers un véritable processus de personnification. «*Quand ils regardaient les voitures, cela leur rappelait des visages, les phares ressemblaient un peu à des yeux*», écrit Henrik Walter, psychiatre de l'université d'Ulm, à propos de ces patients d'un genre un peu particulier. Qu'en déduire? L'image publicitaire réussie ne doit pas se contenter d'impliquer le consommateur dans la représentation intime qu'il a de lui-même, elle devrait aussi mobiliser chez lui une volonté «archaïque» d'appropriation d'un objet de séduction. Les publicitaires en ont conclu qu'il convenait de renforcer dans leurs spots la corrélation instinctive entre désir sexuel et pulsion d'achat, déjà présente dans quantité de réclames fondées sur la séduction ou l'érotisme[18]. «*Le consommateur doit pouvoir sentir la marque, s'y agripper comme un amant*», affirme sans rire Kevin Roberts, PDG de Saatchi & Saatchi[19].

La commercialisation de cerveaux disponibles est ainsi loin d'être l'apanage de TF1. Christophe Lambert, PDG de Publicis Conseil, a confessé ce qui semble être un secret de Polichinelle parmi les professionnels: «*Patrick Le Lay donne une excellente définition, juste et claire, du modèle de la télévision gratuite, pour laquelle la publicité est l'unique source de revenus. Elle ne me choque pas puisqu'elle reprend un vocabulaire auquel nous, publicitaires, sommes habitués. On dit souvent qu'on vend du "temps d'attention". Et même, pour les soft drinks, on ne parle pas de parts de marché, mais de "parts d'estomac"… Quand on vend des spots publicitaires, on vend aussi un environnement tel que le téléspectateur soit dans une condition de réceptivité optimale*[20].» Invité un an plus tard à l'émission « Campus » (France 2) à l'occasion de la sortie de son livre sur *La Société de la peur* (Plon), le même homme avançait: «*La publicité, c'est le seul domaine où tout est clair, il n'y a pas de manipulation.* » En novembre 2004, Maurice Lévy, mécène et président de Publicis, recevait de l'Université hébraïque de Jérusalem le Scopus Award « *pour son rôle éminent dans la communication et ses nombreux engagements* ». Un fonds de recherche à son nom venait d'être créé « *dans le domaine des neurosciences*[21] ».

Qu'en conclure ? S'il est logique qu'un publicitaire cherche à vendre un produit, il est en revanche plus douteux de voir les annonceurs, relayés par leurs agences et les médias, s'immiscer sur le terrain du conditionnement psychologique ou des manipulations de l'inconscient. Pour l'heure, c'est notre inconscient collectif que les messages publicitaires s'emploient à façonner. Car une image de marque juxtapose les symboles, c'est-à-dire des signes idéologiques. Coca-Cola construit sa publicité en créant des « valeurs universelles » qui véhiculent l'uniformisation du goût et des cultures ou la mondialisation du style de vie nord-américain. Ses vedettes planétaires, de Penelope Cruz à Mohammed Ali, servent autant à imposer l'idée de la supériorité du produit *made in USA* et de *l'American way of life* que celle du soda. La publicité vise donc l'adhésion à un ordre indissociablement économique et politique.

# 2

# L'idéologie publicitaire

*«La publicité est la fleur de la vie contemporaine; elle est une affirmation d'optimisme et de gaieté; elle distrait l'œil et l'esprit. C'est la plus chaleureuse manifestation de la vitalité des hommes d'aujourd'hui, de leur puissance, de leur puérilité, de leur don d'invention et d'imagination, et la plus belle réussite de leur volonté de moderniser le monde dans tous ses aspects et dans tous les domaines. Avez-vous déjà pensé à la tristesse que représenteraient les rues, les places, les gares, le métro, les palaces, les dancings, les cinémas, le wagon-restaurant, les voyages, les routes pour automobiles, la nature, sans les innombrables affiches, sans les vitrines* [...]. *Oui, vraiment, la publicité est la plus belle expression de notre époque, la plus grande nouveauté du jour, un Art.»*

Écrit en 1931, cet extrait du recueil *Aujourd'hui* de Blaise Cendrars témoigne d'un temps révolu où la réclame était une sorte de compagnon artistique des poètes. En 1928, une affiche lumineuse sur les grands boulevards de Paris inspirait aussi le surréaliste André Breton, qui se figurait son héroïne Nadja sous les traits d'un papillon dont le corps serait formé par une lampe Mazda. Les années 1930 sont aussi l'époque où l'écrivain Pierre Mac Orlan, qui ne dédaignait pas de rédiger des textes publicitaires pour Peugeot ou la Société générale de fonderie, vantait la «*féerie nocturne*» des enseignes électriques. Après la Seconde Guerre mondiale, la publicité faisait encore sourire avec ses slogans bon enfant (« *Du beau, du bon, Dubonnet* », par exemple, du fondateur de Publicis, Marcel Bleustein-Blanchet) ou ses affiches aux couleurs naïves signées Savignac. La société de consommation était encore le théâtre d'une expression artistique, ce dont témoigne la récupération de l'image des soupes Campbell par Andy Warhol. Pourtant, depuis une trentaine d'années, l'explosion d'une publicité protéiforme et l'influence croissante que celle-ci exerce sur les consciences ont changé la donne. D'où vient que la « pub » n'a plus le don d'enchanter le monde ordinaire ?

En novembre 2005, une enquête de l'institut Taylor Nelson Sofres auprès d'un échantillon représentatif de 1 000 personnes montre que la publicité compte, pour la première fois, plus d'opposants (43 %) que d'*aficionados* (37 %). Parmi les personnes interrogées, 65 % la jugent plus agressive qu'il y a quelques années. Sans véritablement remettre en cause son rôle marchand, 91 % des sondés reconnaissent qu'elle influence leur vie quotidienne. Au nombre de ceux qui admettent leur dépendance, on trouve principalement les ouvriers, les employés, les professions intermédiaires et les jeunes. Or ces catégories constituent la cible favorite des organismes de crédit comme Cofidis, Cetelem ou la carte Accord d'Auchan. Leurs incitations à la consommation immédiate contribuent pour beaucoup au surendettement : elles visent les foyers les plus modestes, qui trouvent par le crédit le moyen d'accéder aux multiples sollicitations de la société de consommation. En octobre 2005, Auchan recommandait aux clients de sa carte de crédit : « *Pour une fois, partez sans payer* » – il s'agissait de remplir son Caddie avant les fêtes de Noël pour un montant de 1 000 euros qui ne serait prélevé que le 2 janvier 2006.

## LES FEMMES, OBJETS PLUTÔT QUE SUJETS

Pour expliquer ce désamour grandissant des Français, il est tentant de se polariser sur les messages publicitaires les plus attentatoires à la dignité de la personne humaine. « *Ce que les Français rejettent le plus dans la publicité, c'est la violence et la misogynie* », prévient Pierre Giacometti, président d'Ipsos au cours d'un colloque à Paris. Un propos immédiatement assorti d'une réflexion parfaitement publicitaire de Philippe Lentschener, PDG de Saatchi & Saatchi France: « *Il est des moments où il est pourtant légitime de représenter la violence. Pour dénoncer le négationnisme, il faut bien montrer des chambres à gaz*[22]. » On cherche de quel révisionnisme caché l'agence Saatchi & Saatchi a pu se faire la pourfendeuse dans ses publicités...

En réalité, violence et sexisme vont souvent de pair. En 1993, un spot pour une voiture se concluait par ces mots: « *Il a l'argent, il a le pouvoir, il a une Audi, il aura la femme.* » L'affirmation d'un pouvoir matériel se love avec délectation dans la violence de la domination masculine. On l'a compris, ce n'est pas la voiture mais la femme en tant que promesse d'accaparement qui est convoitée à travers l'objet publicitaire. Les « créatifs » excellent dès lors qu'il s'agit d'aguicher le chaland.

Pour le lancement du site de voyages lastminute.com, Franck Tapiro, président de l'agence Hémisphère Droit devenu conseiller en communication de Nicolas Sarkozy, a conçu une affiche où l'on voyait un homme d'âge mûr tenir dans ses bras deux filles en bikini: « *Je n'en paye qu'une des deux* », lançait-il. Il s'agissait d'illustrer le slogan promotionnel: « *Achetez une semaine de vacances, la deuxième est gratuite !* » Humour graveleux ou promotion du tourisme sexuel? Aux yeux des publicitaires, poser la question reviendrait à remettre en cause les libertés héritées de 1968 (« *Il est interdit d'interdire* », « *Jouissons sans entraves* », etc.), voire à brandir l'épouvantail de la censure.

Violence et sexisme font à ce point bon ménage que les marques de haute couture n'ont pas hésité à glisser sur la vague dite du « porno chic ». Dans les années 2000-2001, Dior montrait une femme humiliée, le visage couvert de bleus, tandis que Gucci exhibait dans *Vogue* une fille allongée, la jupe retroussée, une chaussure d'homme posée sur son sexe. En 2001, La City a pu faire figurer sur des panneaux d'affichage une femme posant à demi nue, à quatre pattes, à côté d'un mouton. L'annonceur avait cru amusant de livrer ainsi en pâture son slogan « *La City habille les femmes nues* ». Cette publicité déclencha une polémique qui incita le Bureau de vérification de la publicité (BVP) à établir un Code de bonne conduite. La ministre déléguée à la Famille, Ségolène Royal, et la secrétaire d'État aux Droits des femmes, Nicole Péry, menaçaient alors d'une action judiciaire… « *S'il faut légiférer, nous le ferons* […], promettait même M$^{me}$ Royal. *Ces campagnes relèvent ni plus ni moins du racolage. C'est le degré zéro de la créativité*[23]. » Le gouvernement a finalement laissé aux professionnels de la publicité le soin de « s'autodiscipliner » – avec le succès que l'on sait.

Violence sexiste, violence symbolique, violence ordinaire… Loin de favoriser la libération des femmes, la publicité conforte généralement les rapports de soumission à l'homme : ce dernier y est présenté comme l'agent économique actif face à des « beautés » réduites au rôle de faire-valoir d'un produit – « *l'inessentiel en face de l'essentiel*[24] », comme disait Simone de Beauvoir. Le cliché de la femme-objet a la vie dure, tant il est vrai qu'il fait grimper les ventes (+35 % chez Dior, après la campagne « porno chic »). En mars 1975, déjà, le BVP émettait une recommandation visant à interdire ce type de représentations: « *La Femme ne doit pas servir d'objet publicitaire, alors surtout que l'image qui est donnée d'elle est sans rapport avec l'utilisation du produit ou service qui est le but de la publicité.* » Dès 1974, son président Philippe Renaudin écrivait: « *La commission a constaté que la publicité donne trop souvent une image fausse et périmée de la femme en la réduisant à un rôle de ménagère ou de servante au foyer, sans tenir compte de ses aptitudes réelles ou de ses aspirations, ou encore elle la représente comme un objet d'agrément, essentiellement préoccupée de sa beauté et des soins de sa personne, dénuée d'initiative et parfois même d'intelligence*[25]. » Trois décennies plus tard, peut-on sérieusement soutenir que ces stéréotypes n'ont plus cours? Jean-Pierre Teyssier, actuel président du BVP, constate que les années 1990 signent le retour des « *campagnes subtilement sexistes* » après une phase mythique où des mannequins jouaient le rôle d'*executive women* ou de *superwomen* (lesquelles ne sont, comme il le reconnaît pour mieux en souligner l'incongruité, que « *l'envers du modèle machiste de l'homme dominateur et sûr de lui* »).

Au début des années 2000, sous la pression des annonceurs, un modèle revient en force: celui de la ménagère chargée des produits d'entretien, de sa toilette ou de sa beauté, ou encore de la mère de famille dévolue à l'éducation des enfants. « *Voilà*, écrit Jean-Pierre Teyssier, *que la femme retrouve dans la publicité un rôle qu'elle maîtrise à merveille pour l'avoir pratiqué des siècles durant: celui du petit être ravissant et fragile, futile et désarmé, qu'anoblissent pourtant les nobles responsabilités de la maternité et de l'éducation des enfants*[26]. » Combien de publicités visent à pérenniser cette posture, même si les « créatifs » français se disent aujourd'hui plus attentifs à proscrire les signes de misogynie, ainsi que le BVP le recommande?

**ÉLISABETH BADINTER, FILLE DE PUB**

Présidente du conseil de surveillance de Publicis, Élisabeth Badinter est également une essayiste réputée. Son livre *Fausse Route* (Odile Jacob, 2003), dédié à sa fille Judith, en dit long sur l'antiféminisme présenté comme un véritable féminisme de cette intellectuelle-femme d'affaires. À ses yeux, les féministes auraient tenté, ces dernières années, d'instaurer « *un nouvel ordre moral* ». Élisabeth Badinter ne se soucie guère de démêler le féminisme français de ses dérives américaines : elle brandit au contraire les caricatures d'outre-Atlantique pour railler, dans son ensemble, un modèle féministe « *obsédé par le procès du sexe masculin et la problématique identitaire* ». Elle moque le « *thème de l'éternelle oppression masculine* » et la « *victimisation du genre féminin* ». Car, « *à souligner sans cesse l'image de la femme opprimée et sans défense contre l'oppresseur héréditaire, on perd tout crédit auprès des jeunes générations*[27] ».

Reste à savoir qui rédige ces lignes. L'auteure de *XY, de l'identité masculine*, ou la fille de Marcel Bleustein-Blanchet, fondateur de ce groupe publicitaire dont elle est le premier actionnaire avec 12 % du capital ? Élisabeth Badiner assume en tout cas sans barguigner un héritage paternel qui véhicule encore aujourd'hui des représentations sexistes de la femme. Ne doit-on pas à Publicis, en 2002, cette campagne de la marque de soutiens-gorge Barbara qui faisait dire à une femme mannequin dénudée : « *Quand on me dit non j'enlève mon pull* » ou « *Mon banquier me préfère à découvert* » ?

Présidente du conseil de surveillance de Publicis, Élisabeth Badinter est la garante morale du quatrième groupe mondial de publicité. Environ trois fois par semaine, elle se rend dans le bureau inchangé de son père, au siège de Publicis. Elle y côtoie ses deux fils, Simon et Benjamin, présidents respectifs des filiales Médias et Régies Europe (chargées de la commercialisation des annonces publicitaires dans la presse) et Médiavision, son équivalent au cinéma. Ces derniers sont avec Judith les deux autres actionnaires de la Somarel, la holding familiale de contrôle de Publicis.

L'usage du cliché de la femme-objet comme arme de conquête des parts de marché doit beaucoup à la surreprésentation des hommes dans les fonctions clés de la création publicitaire. Dans ce métier, en effet, les femmes occupent rarement des postes de direction. Pour s'en justifier, on ne craint pas d'accumuler les poncifs à leur égard, à l'instar de Jacques Séguéla, vice-président d'Havas, pour qui *« l'absence de femmes est liée – paradoxalement – à leur qualité de maturité, à leur recherche de stabilité, de sécurité*[28] ». À l'opposé, les directeurs de création devraient, d'après lui, une bonne partie de leur talent au fait qu'ils sont de *« grands gosses attardés, joueurs, immatures, instables »*. Bref, aux femmes la recherche du confort bourgeois, une maturité qui rime avec maternité ; aux hommes les affres de la création anarchique, le talent rebelle… ! Comme souvent, la réalité dément Séguéla. Car, si les directrices de création sont aussi minoritaires dans une profession qui compte pourtant 65 % de femmes, c'est surtout en raison du mode de cooptation (masculine) et des stéréotypes qui y règnent. Rares sont les agences où des femmes dirigent la création. C'est d'ailleurs du sein d'une équipe de football, France Pub, que sont sortis la plupart des dirigeants de l'agence Euro RSCG, rebaptisée Havas. C'est encore dans les vestiaires d'une telle équipe que se sont faites et défaites les réputations et les alliances. C'est enfin au cours de longues nuits loin de Paris, pendant des festivals de publicité, que sont fabriqués ou consacrés les goûts et les talents des « créatifs». La prime échoit le plus souvent au directeur de création le plus en phase avec les préoccupations d'un homme de 30-40 ans, sans attaches familiales, voyageant beaucoup, adepte de la conquête féminine et aimant faire la fête. À l'inverse, la femme créative est perçue à travers les contraintes qui pèsent sur elle: éducation des enfants, présence au foyer, tâches ménagères... «*Si on est incapable de concentrer toute son énergie sur son job,* expliquait en octobre 2005 le directeur «monde» de la création du groupe britannique WPP, *autant passer à autre chose!*» Neil French a finalement été invité à démissionner après avoir livré le fond de sa pensée: «*S'il existe si peu de femmes directrices de création dans l'industrie publicitaire, c'est tout simplement parce qu'elles sont trop connes*[29].»

## PUBLICITÉ SINGULIÈRE ET FRANCE PLURIELLE

Le regard publicitaire sur la société n'est pas seulement biaisé par le sexisme ambiant ; il l'est aussi par l'origine sociale des dirigeants du secteur. Un recrutement qui privilégie les privilégiés permet au message publicitaire d'épouser plus étroitement encore les intérêts de la classe dominante. Pour se faire accepter dans une agence, tout aspirant créatif doit en effet endurer six mois, un an, voire dix-huit mois de stage à peine ou pas rémunéré au titre de sa «formation». Seuls les étudiants issus de milieux favorisés sont en mesure de supporter la charge financière d'un tel «apprentissage». Autant dire que les jeunes originaires de milieux ouvriers et de quartiers «en difficulté» n'ont pratiquement aucune chance d'arriver à entrer dans le monde «plus blanc que blanc», comme dirait Coluche, de la publicité. Le plus souvent, le sésame s'obtient par cooptation, en fonction des affinités et du style de vie, perpétuant ainsi la composition d'un milieu endogamique.

Issus pour la plupart d'écoles privées de gestion, de publicité ou de communication, les fabricants de « pub » sont parfois à mille lieues d'un monde dont ils prétendent capter les aspirations. L'absence de formation critique des jeunes « créatifs » peut conduire à des extrémités quand elle se combine à l'irresponsabilité de certains annonceurs. Témoin cette affiche représentant un pitbull, conçue par l'agence BDDP & Fils pour Leader Price et placardée, en août 2000, dans des quartiers sensibles de l'Essonne, au grand dam des municipalités concernées. Tel n'est pas le moindre paradoxe d'une société qui assigne à sa jeunesse l'identité de « cible marketing » tout en lui barrant l'accès aux moyens matériels de l'assumer légalement. Citoyen, salarié, consommateur : de ces trois statuts que le capitalisme d'après-guerre avait entremêlés, les deux premiers se résorbent à présent dans le troisième.

Le message d'« ouverture culturelle », de « diversité » et de « métissage » colporté par les annonceurs résiste difficilement à l'examen. Rares sont en effet les publicités qui mettent en scène des personnes issues de l'immigration ou des « minorités visibles » en dehors des spots venus d'outre-Atlantique. Une étude du Bureau de vérification de la publicité portant sur 97 000 messages diffusés en 2005 a montré que les « personnes de type extra-européen » ne sont présentes que dans 3,1 % de la production française. Inconscience ? Refus de promouvoir la diversité ethnique sur les écrans de publicité ? Il semble surtout que les « créatifs » aient intériorisé l'idée selon laquelle un public de masse ne peut se reconnaître dans une minorité. « *Si demain un yaourt nature est représenté par un Noir, cela donne un sens au message. Aujourd'hui, c'est le Blanc qui fédère. Mais dès qu'il y a un groupe représenté dans une publicité, il peut y avoir mixité*», explique Pierre Callegari, président de l'agence Grey[30].

Malgré la charte de la diversité et l'appel à une meilleure représentation des minorités à la télévision, seuls les champions sportifs, à l'instar de l'équipe de France de basket en 2006 pour De Fursac, paraissent dignes de représenter les marques – et de signer des contrats pharaoniques avec leurs sponsors. Bien sûr, certains se disent choqués quand un annonceur du secteur automobile, par exemple, refuse la présence d'un mannequin d'origine arabe au volant d'un de ses véhicules en évoquant «*un risque de dépréciation du produit*». Ou quand des fabricants de cosmétiques écartent l'idée d'une personne de couleur au nom du caractère fédérateur du mannequin blanc. Le blocage viendrait des annonceurs. «*Ils sont très crispés sur leurs ventes. Les campagnes publicitaires sont pré-testées, testées et post-testées. Ils sont frileux, nous devons leur prouver qu'il n'y a pas de risque*[31] », explique Nicole Bristol, de l'agence BETC. Mais les publicitaires s'accommodent aussi de tels principes. En novembre 2005, lorsque le président de la République Jacques Chirac invite les médias à accorder une plus grande présence à cette «France plurielle» à la télévision, pas un patron d'agence de publicité n'est associé à la réflexion. La pub est la grande oubliée des politiques d'intégration ou de discrimination positive.

Mais comment pourrait-il en être autrement? Quand la publicité met en scène des personnages issus de l'immigration à la télévision, c'est le plus souvent pour reproduire des clichés: le Noir sportif, marabout ou musicien, l'Asiatique judoka, l'Arabe épicier ou le jeune de banlieue… C'est que, contrairement aux programmes de fiction – qui sont depuis peu l'objet d'un métissage volontariste –, les écrans publicitaires ne sont pas destinés à changer le regard du téléspectateur sur son environnement mais au contraire à le conforter dans ses certitudes. Il en va de l'efficacité du message : hors de question de renvoyer une image du produit qui ne colle pas aux stéréotypes sociaux que la publicité contribue précisément à ancrer dans les têtes. La société de consommation trouve dans son expression publicitaire un fidèle miroir de ses principes discriminants. En ciblant des catégories socio-professionnelles, notamment les classes supérieures, elle cherche parallèlement à exclure ceux qui n'y appartiennent pas. Il faudra sans doute attendre que la France de la diversité devienne une réalité non seulement sociologique mais également économiquement intéressante pour que les annonceurs de la grande consommation se décident à refléter le corps social dans ses différentes composantes.

## GRANDES CAUSES ET HYPOCRISIE

On peut trouver un tel procès injuste. Après tout, la publicité n'aide-t-elle pas quantité d'associations humanitaires comme l'Unicef, Action contre la faim ou Reporters sans frontières à se faire connaître du grand public ? Et combien de campagnes d'intérêt général ont pour objet la sécurité routière, la lutte contre le tabagisme ou la prévention du sida ? En janvier 2006, face à la menace de la grippe aviaire, l'Institut national de prévention et d'éducation pour la santé (INPES) ne s'est-il pas empressé de lancer un appel d'offres auprès des agences de publicité en vue de constituer un « *dispositif de communication relatif à la lutte contre une pandémie grippale* » ? En outre, les grandes agences n'ont-elles pas des divisions « *non profit* » précisément consacrées aux messages humanitaires ? Las, les investissements publicitaires dans ces grandes causes sont rarement à la hauteur des ambitions qu'elles affichent. Les publicités d'intérêt général dépendent de l'argent public pour l'achat de l'espace publicitaire. Quant aux organismes humanitaires, ils dépendent des largesses consenties par les diffuseurs, qui intègrent leurs messages à titre gracieux... de préférence après minuit sur les chaînes de télévision.

Les publicitaires se prêtent d'autant mieux à ce genre d'exercice désintéressé qu'une bonne création humanitaire peut leur permettre de décrocher des prix devant des jurys professionnels ; une distinction qu'ils valorisent ensuite auprès des annonceurs. Comme l'a montré François Brune[32], le style du message humanitaire vise d'ailleurs à sensibiliser les consciences pour légitimer le discours de l'injonction commerciale véhiculé par ce même style. Il n'existe pas, en effet, de publicité sans profit. Une campagne pour l'INPES, en 2002, mettait en évidence les agents toxiques qui entrent dans la composition de la cigarette. Remarquée par les professionnels, elle assura la renommée de ses concepteurs. L'un d'entre eux a ensuite rejoint le groupe Leo Burnett (Publicis), où il s'est efforcé de développer la consommation des tabacs Philip Morris dans des pays à fort potentiel comme la Chine.

La publicité ne connaît pas de frontières. Pas même, parfois, celles de la légalité. Depuis l'entrée en vigueur de la loi Évin, en janvier 1992, qui interdit toute promotion directe ou indirecte du tabac, les publicitaires sont passés maîtres dans l'art de contourner la législation : animations dans les lieux de vente, échantillonnage de produits dérivés lors d'événements culturels ou sportifs... Sur les circuits de formule 1, les fabricants de cigarettes recourent à la publicité subliminale : « *On peut constater le fruit de ce travail sur la McLaren*, témoigne Florence Amalou. *Le nez rouge de la voiture évoquerait le bout incandescent de la cigarette et les dégradés gris, des volutes de fumée, selon les confidences recueillies auprès d'un professionnel*[33]. » La Commission européenne n'est en effet jamais parvenue à faire adopter une directive de 1998 qui prévoyait d'interdire toute communication des fabricants de tabac : il en allait de la rediffusion des Grands Prix de formule 1. Désormais, les industriels de la cigarette se tournent vers des marchés émergents, comme l'Inde, la Chine ou la Turquie. Des pays où la communication n'est pas soumise aux mêmes contraintes et où les états-majors du marketing publicitaire ciblent des populations jeunes considérées comme « vierges » à l'aide de distributions gratuites dans les discothèques, du sponsoring des activités sportives, etc. Il en va de même pour les alcools : les fabricants conçoivent des produits de transition fruités, sucrés et légèrement alcoolisés pour convaincre des générations entières d'adopter les nouveaux modes de vie occidentaux. Face à de telles stratégies, les gouvernements préfèrent généralement traiter les effets par des politiques de santé publique plutôt qu'agir sur les causes en limitant le champ d'action du marketing.

## LA POLITIQUE, PRODUIT PUBLICITAIRE

Immorale, la publicité ? Jacques Séguéla, qui se targue d'avoir fait élire Mitterrand en 1981 avec son affiche sur la « force tranquille », a beaucoup contribué à fabriquer la légende d'une publicité vertueuse, alliée objective de la démocratie et des forces de progrès. « *De la Hongrie à la Roumanie en passant par le Chili* [...], *j'ai mené une dizaine de campagnes victorieuses contre les fascismes de droite et de gauche*[34] », se vante-t-il. Euro RSCG Corporate, filiale d'Havas dont il occupe la vice-présidence, est pourtant moins regardante avec un pays comme le Togo du général Eyadéma. En 1998, l'agence orchestrait pour 1 million de francs la réélection du général despote, arrivé au pouvoir en 1967. Deux publicitaires, Jean-Philippe Dorent et Stéphane Bigata, veillaient à ce que le scrutin joué d'avance « *se passe le mieux possible aux yeux de l'opinion internationale*[35] ». Leur travail consistait notamment à assurer un semblant de représentation télévisuelle aux opposants officiels du régime, sous l'œil bienveillant de Reporters sans frontières, tout en construisant à Eyadéma une image de président démocrate. « *J'ai pensé et je pense toujours que ce que nous avons fait au Togo était la meilleure chose à faire* », a affirmé plus tard Stéphane Fouks, président d'Euro RSCG Corporate[36].

Un président porté au pouvoir grâce à la pub ? Plus que tout autre, François Mitterrand aura contribué à installer la publicité au cœur des campagnes électorales des années 1980. En la matière, un personnage va jouer un rôle central : Jacques Pilhan, collaborateur de Jacques Séguéla pour la campagne sur la « force tranquille » et, dès 1981, conseiller en communication de l'Élysée et de Matignon. C'est lui qui convertit la gauche à l'idée que la communication à l'américaine peut être un instrument non seulement de conquête mais aussi de pérennisation du pouvoir. En 1984, il crée une agence chargée de promouvoir l'image du président de la République ainsi que celle d'entreprises ou d'institutions publiques. La publicité n'est plus vue comme un mal nécessaire propre à toute société capitaliste mais comme la marque d'une civilisation moderne au diapason de laquelle les nouvelles générations socialistes doivent s'accorder. Pilhan fait donc de la communication politique une arme contre la droite. C'est l'époque où Daniel Robert, PDG de l'agence Robert & Partners, fait parler de lui avec deux célèbres slogans pendant les élections législatives de 1986 : « *Au secours, la droite revient !*» et «*Dis-moi, jolie droite, pourquoi as-tu de si grandes dents?*» L'argent coule à flots, les affiches sont imprimées en masse et les valises de billets circulent. On trouve même des fonds spéciaux pour payer des étudiants de grandes écoles chargés de coller les affiches de Robert & Partners sur les murs de Paris. Hélas, le stratagème se révèle aussi coûteux qu'inefficace.

Après la victoire de la droite et la formation du gouvernement Chirac, c'est encore Robert & Partners que rejoint Bertrand Delanoë, l'actuel maire socialiste de Paris, après sa défaite aux élections législatives. Avec Jacques Attali, ce dernier avait eu l'idée, en 1984, de faire appel à une agence de publicité pour organiser à Paris un défilé de 100 000 personnes destiné à défendre la «liberté d'expression» de NRJ, un réseau radiophonique dont la caractéristique était justement d'étouffer les autres stations par la puissance excessive de ses émetteurs. Après 1986, Bertrand Delanoë retiendra de son passage chez Robert & Partners les rudiments de la réclame appliquée à la politique: peu importe le message pourvu qu'il soit bien emballé, en phase avec «l'air du temps» et repris comme une ritournelle par les «leaders d'opinion».

Jacques Pilhan a poussé si loin le sens du produit «branché» et de l'adaptation au marché qu'il s'est mis au service de Jacques Chirac et de sa fille Claude lors de l'élection présidentielle de 1995. Sept ans plus tard, Lionel Jospin puise à son tour dans le sérail de Jacques Séguéla et de ses héritiers d'Euro RSCG, Stéphane Fouks et Laurent Habib, pour mener campagne sur le «*présider autrement*». À l'écoute de ses *spin doctors*, le locataire de Matignon en oublie de faire appel aux militants du Parti socialiste, priés de s'effacer devant le savoir-faire des gourous de la communication. Une stratégie couronnée de succès le 21 avril 2002…

La propagande publicitaire est à l'image de la classe politique française: elle a le don de se régénérer à travers les mêmes serviteurs passés maîtres dans l'art d'adapter leur discours aux circonstances. En 2006, c'est pourtant une nouvelle agence, Ogilvy, qui, à travers sa directrice générale Nathalie Rastoin, bichonne l'image d'une Ségolène Royal «présidente». La candidate à l'investiture du PS s'inspire de ses conseils pour créer, plutôt qu'un programme politique venu d'en haut, une offre de prise en compte de la demande à travers une réflexion politique qui prétend se nourrir de la contribution des internautes sur le site <desirsdavenir.org>. Démocratie participative? Quand ils lancent un produit à partir des attentes du consommateur, les spécialistes parlent plutôt de « marketing de la demande ».

Passé sous le contrôle de l'industriel Vincent Bolloré, Euro RSCG regarde plutôt du côté de Matignon, faute de n'avoir pu faire élire Dominique Strauss-Kahn à l'investiture socialiste (Laurent Fabius ayant pour sa part reçu les conseils de Philippe Lentschener, président de Publicis France). Début 2006, Bernard Sananès, directeur général adjoint de la branche institutionnelle d'Euro RSCG et ancien secrétaire général du Centre des démocrates sociaux, se charge de conseiller Dominique de Villepin dans ses appétits de présidentiable. Comme toujours, Jacques Séguéla n'est pas loin. En 2002, il a présenté Bernard Sananès en tant qu'«ami et concurrent» à celui qui n'est encore que secrétaire général de l'Élysée[37]. Le vice-président d'Havas a mis tout l'activisme de son réseau au service de ce proche de Jacques Chirac. De son côté, Nicolas Sarkozy reçoit les conseils de Franck Tapiro, président de l'agence Hémisphère Droit. Le président de l'UMP confie au publicitaire la communication de son parti après l'aventure médiatisée de son épouse et conseillère, Cécilia, avec un dirigeant de Publicis. Auteur du slogan «Allez tonton, laisse pas béton !» en 1988, Franck Tapiro avait contribué à la campagne de François Mitterrand alors qu'il faisait ses premières armes à RSCG. Devenu patron d'agence, il assure en 2006 celle de Nicolas Sarkozy, qu'il «*adore*», avec la formule «*Imaginons la France d'après*[38] ».

Certes, les hommes politiques français ne se vendent pas encore à la télévision comme des barils de lessive. Si RTL n'hésite pas, début 2006, à mettre sur des panneaux d'affichage les images de Dominique de Villepin, Nicolas Sarkozy, Ségolène Royal et François Hollande au service de son slogan « *Vivre ensemble*», la communication politique connait encore des limites. Le financement et la diffusion des spots télévisés en faveur des candidats à l'élection présidentielle sont sévèrement encadrés par le Conseil supérieur de l'audiovisuel. Peu de risques, donc, de voir, comme aux États-Unis, des centaines de millions de dollars injectés dans des campagnes audiovisuelles de soutien à un candidat – et surtout de dénigrement de l'adversaire (en 2004, John Kerry avait subi une campagne massive du Parti républicain sur le thème de sa versatilité supposée). Mais pour combien de temps? Au sein du collectif Démocratie et opinion, de nombreux publicitaires, notamment Jacques Séguéla (Havas), Stéphane Fouks (Euro RSCG) et Christophe Lambert (Publicis Conseil puis Havas), réclament une libéralisation de la communication politique. Pour eux, il est temps d'abroger la loi du 15 janvier 1990 interdisant l'affichage et la publicité politiques par voie de presse en période électorale. Surtout, il faudrait «*décorseter*» les spots de communication officielle pour permettre aux grands partis de bénéficier des prouesses de la création publicitaire. Les élections européennes de 2004 avaient offert un avant-goût de cet horizon radieux: les films de la campagne télévisée officielle du Parti socialiste et de l'UMP avaient été réalisés respectivement par Éric Rochant, pour le compte de TBWA, et par Évelyne Soum, pour l'agence Ailleurs Exactement. Cette dernière, membre de Démocratie et opinion, applaudit Thierry Saussez, président d'Image et Stratégie, quand il déplore: « *La France est tout de même le seul pays à faire de la politique un secteur interdit de publicité, au même titre que l'alcool et le tabac*[39]. » Mais à qui profite la pub si ce n'est à ceux qui ont à la fois l'argent, la faconde médiatique et les réseaux dans la communication? Coïncidence? Thierry Saussez est aussi le conseiller en image de Nicolas Sarkozy. Quant à Christophe Lambert, coorganisateur avec Richard Attias du congrès d'intronisation du président de l'UMP en novembre 2004, il se prévalait d'une amitié avec le ministre de l'Intérieur au moins jusqu'en 2005. Malgré tous ses efforts *(lire encadré p. 54)*, il a finalement été évincé du premier cercle des communicants de Sarkozy et a fini par rejoindre le groupe Havas en 2006 après avoir proposé, sans succès, ses services à Ségolène Royal. De Philippe Gaumont (FCB) à Franck Tapiro en passant par Jean-Michel Goudard (le « G » de Euro RSCG) et Thierry Saussez, Nicolas Sarkozy n'a pas manqué, tout au long de sa carrière, de s'entourer de gourous. Au sein de son club Neuilly Communication, créé dès 1985, les publicitaires trouvaient l'occasion, il est vrai, de côtoyer grands annonceurs et patrons de médias[40].

Quand la publicité se mêle de politique, ce n'est évidemment pas de façon désintéressée. Une campagne électorale fournit toujours l'occasion de nouer des relations étroites avec de futurs gouvernants susceptibles de faire alléger les lois contraignantes et de confier à une agence un budget de communication publique ou une campagne d'intérêt général. Mais les intérêts personnels ne sont pas non plus négligeables : Bernard Brochand, qui fut patron de l'agence DDB et orchestrateur des campagnes de Jacques Chirac, s'est vu récompensé par un siège de député UMP des Alpes-Maritimes. En 2005 et 2006, en tant que maître d'œuvre de la nouvelle chaîne française d'information internationale – que préside son ami publicitaire Alain de Pouzilhac, ex-président d'Havas –, il s'emploie à façonner pour les « leaders d'opinion » l'image de la France à l'étranger .

La proximité d'intérêts des grandes agences avec les idées libérales ne fait guère de doute. Seule une idéologie prônant un interventionnisme minimal de l'État, la privatisation des biens et la mise en concurrence des services joue en faveur d'un développement des dépenses de publicité et, partant, de la rémunération des agences. La posture mitterrandienne d'un Jacques Séguéla ne doit donc pas faire illusion : la publicité s'est mise au service d'un discours électoral, d'un homme, avant de s'employer à le faire évoluer dans un sens conforme à ses intérêts : « *Mitterrand est le premier qui comprendra qu'il fallait passer de la propagande à l'information et, très vite, de l'information à la communication* », dit-il. Les temps se prêtent alors à la mise en scène publicitaire : tournant de la rigueur et promotion du slogan « *Vive la crise !* », réhabilitation du profit… Si les agences de publicité mettent leur « art » au service des politiques, elles sont d'abord à l'écoute des grandes entreprises capitalistes qui les font vivre. Ainsi la propagande électorale a-t-elle fini par se fondre dans les intérêts de la publicité.

**PUBLICIS L'APOLITIQUE**

Le président de Publicis, Maurice Lévy, n'est pas encore ministre de la République mais il peut d'ores et déjà se targuer du titre de grand serviteur de l'État. En mars 2006, cet informaticien de formation, président du quatrième groupe mondial de publicité (avec 35 160 salariés et 3,8 milliards d'euros de revenus), est chargé par le ministre de l'Économie et des Finances, Thierry Breton, d'un rapport sur « L'économie de l'immatériel ». Selon *Le Figaro* (13 mars 2006), il s'agit de connaître *« la valeur réelle de la marque France »* en déterminant comment l'État tire parti de ses ressources immatérielles (licences de téléphonie mobile, fréquences audiovisuelles, Internet haut débit, etc.). Que l'évaluation de la marge de manœuvre de l'État dans le domaine des nouvelles technologies et des télécoms soit confiée à un patron bénéficiaire du budget de communication d'Orange et – temporairement – de SFR, voilà qui n'émeut pas le gouvernement. Il n'est pas de conflit d'intérêts possible chez un si fervent défenseur des valeurs de l'Union pour un mouvement populaire.

L'idylle remonte au 28 novembre 2004, lorsque le groupe présidé par Maurice Lévy organise au Bourget la cérémonie d'intronisation de Nicolas Sarkozy à la tête de l'UMP. Publicis crée le nouveau logo du parti, réalise un film sur écran géant comportant le fameux « *Bonne chance mon papa* » du petit Sarkozy et met en scène les témoignages de Christian Clavier, d'Élie Wiesel ou d'Alain Delon. Ce « Sarko-show » à l'américaine, dont le budget, estimé à 5 millions d'euros, a été critiqué jusque dans les rangs de la majorité, est un succès, à en juger par les 25 000 militants… et les 600 journalistes présents. Ne fût-ce une autre idylle – celle de Cécilia Sarkozy et Richard Attias, le patron de Publicis Events, organisateur de « l'événement » – l'opération eût scellé une fidélité à toute épreuve entre l'agence et le dirigeant libéral.

Depuis, les caciques de Publicis s'emploient à faire acte d'allégeance, par la plume, aux idées du président de l'UMP. Maurice Lévy signe le 29 juillet 2005 à la Une du *Monde* un article intitulé « Sur le déclin exactement » où, après avoir fustigé « *cette absurde décision des 35 heures* », il apporte sa contribution à la thèse d'une révolution libérale salvatrice : « *Il faut se pénétrer d'idées simples ; nous ne pourrons créer plus d'emplois sans alléger la fiscalité, sans simplifier la législation du travail, sans admettre la flexibilité et sans autoriser* de jure *et* de facto *les fluctuations d'effectifs. Et, crime contre l'esprit, sans revoir la fiscalité des capitaux et des revenus.* » Un mois plus tard, un de ses lieutenants, Christophe Lambert, publie *La Société de la peur,* où il associe sa posture de déclinologue à celles de Nicolas Baverez et de Maurice Lévy sur des affiches du métro parisien pour en appeler à l'émergence d'un véritable « chef moral » – dans lequel chacun peut reconnaître Nicolas Sarkozy.

La charte des valeurs de Publicis est, dans son article IV (consultable sur son site Internet), pourtant limpide : « *Nous nous refusons à travailler pour tous partis politiques, sectes ou organisations de propagande idéologique. Plus généralement, nous nous refusons à conduire des campagnes partisanes, de quelque nature qu'elles soient.* » Un tel apolitisme s'est déjà illustré par l'engagement de Publicis aux côtés du gouvernement Raffarin dans la promotion du plan Fillon de réforme des retraites, ou par un soutien à la réforme de l'assurance-maladie. À l'instar d'Euro RSCG, dont la partie *corporate*, présidée par Stéphane Fouks, prodigue des conseils en communication au Parti socialiste, le groupe publicitaire n'hésite plus à assurer un soutien militant à un mouvement politique et à son nouveau chef présidentiable.

Le 24 novembre 2004, les lecteurs de *Libération* avaient pu apprécier cette déclaration d'un grand analyste de la campagne (électorale ?) aux États-Unis : « *Publicitaire dans l'âme et croyant énormément dans mon métier et sa capacité à faire gagner les marques dans les combats de la compétition commerciale, je suis plus circonspect lorsque la publicité se met au service de la politique.*» Il était signé Maurice Lévy. Son groupe se montre tellement soucieux de ne pas s'impliquer aux côtés des pouvoirs dominants que son agence américaine, Leo Burnett, a signé pour l'US Army des spots montrant des centaines de *heroic looking soldiers*, œuvres destinées à entretenir le moral de l'arrière, au moment même où commençait la guerre en Irak[41]. Quand il ne fait pas campagne (militaire?) en faveur de l'US Army, Publicis joue au sergent recruteur pour le Mossad. Sa filiale israélienne conçoit pour lui des annonces invitant les candidats potentiels à «*penser différemment, à aller au-delà des limites de l'habitude, là où convergent le rare et l'essentiel, l'aptitude et l'audace, l'intelligence et la créativité*[42]». Depuis, Maurice Lévy s'efforce de brouiller les cartes en orchestrant «*à titre personnel*» une campagne pour la paix au Moyen-Orient.

Le fondateur de l'agence qui se prétend «apolitique», Marcel Bleustein-Blanchet, conseillait en son temps le général de Gaulle avant ses interventions télévisées. Au fil des ans, la relève a été prise par un homme de réseaux, Maurice Lévy, connu pour détenir le carnet d'adresses le plus influent de la place de Paris et pour apporter ses conseils aux grands patrons. Un personnage que Jean-François Kahn, directeur de l'hebdomadaire *Marianne*, juge «*plus important qu'un ministre ou qu'un leader socialiste*[43]». Bien avant le début de la campagne pour le référendum européen en 2005, histoire de donner le ton aux médias, le patron de Publicis exhortait le bon peuple à «*se précipiter pour ratifier*» le projet de traité constitutionnel[44]. Parmi ses pairs du CAC 40, l'homme s'est construit une image de grand patron communicant, porte-parole d'un capitalisme moderne, vivant des honoraires de ses clients et les guidant sur la route de la mondialisation heureuse. Début 2005, il assure la communication du groupe pharmaceutique Sanofi-

Synthélabo, qui entreprend de fusionner avec son concurrent Aventis. La campagne met en scène un blondinet alité, le regard triste, lançant un appel vibrant au petit porteur d'actions. De quoi s'agit-il ? Non pas, bien sûr, d'appâter l'actionnaire, de lui promettre davantage de dividendes ni de s'assurer la propriété des brevets de l'adversaire. Publicis a trouvé mieux : « *Nous refusons l'idée de ne pas trouver plus vite le médicament qui va guérir Louis* »... En Allemagne, où elle fit scandale, la campagne fut rapidement retirée. Mais, en France, Publicis a pu compter sur ses réseaux d'influence pour imposer le silence sur cette imposture intellectuelle.

Grand bénéficiaire des budgets publicitaires en cas d'OPA (de Total sur Elf par exemple), défenseur d'Arcelor face à l'offre hostile de Mittal Steel, organisateur du Forum économique mondial de Davos et théoricien du « toujours plus gros », le patron de Publicis est un conseiller écouté. Il prête son concours à des fusions qui se traduisent par la suppression de centaines, voire de milliers, d'emplois sur l'autel de l'efficacité économique. Alcan, qui s'est offert les conseils de Maurice Lévy pour mettre la main sur Pechiney en 2003, a ainsi fait payer l'addition aux salariés français : 270 emplois supprimés en 2004 et trois usines fermées[45]. Mais le président de Publicis préfère sans conteste que l'on évoque ses bonnes œuvres dans l'humanitaire, sa contribution à la croissance économique ou encore ses amitiés avec les leaders socialistes Laurent Fabius et Dominique Strauss-Kahn.

## UNE IDÉOLOGIE PAR L'IMAGE

C'est une musique d'ambiance : des milliers d'écrans, spots, pages ou affiches ponctuent notre vie quotidienne. Que disent-ils ? Pour la plupart, rien ou presque rien.

Nous avons la plus grande peine à nous en souvenir car, à de rares exceptions près, ces messages visent une mémorisation non pas spontanée, mais assistée. Le souvenir inconscient de la publicité est censé se réactiver *in situ*, en contexte, dans un rayon de supermarché ou sur une plate-forme de commerce en ligne. La «pub» aura ainsi réalisé un double travail: non seulement encombrer le cerveau du «consommateur» de milliers d'informations stockées à son insu, mais aussi modeler un univers tout à la fois imaginaire et normatif. Il suffit de regarder les mièvres images nous présentant «*l'ami du petit déjeuner*» ou les «*solutions pour une petite planète*» pour comprendre que la publicité vend au moins autant une imagerie sociale et des modèles d'identification que des produits. « L'ami Ricoré » vante l'idée familiale du bonheur bourgeois pendant qu'IBM sensibilise aux bienfaits de la mondialisation. «*Des gens qui pensent, des gens qui agissent*», dit la signature publicitaire d'*IBM Global services* au début de l'an 2000. Derrière l'apparente bonhomie de spots montrant les liens qui relient entre eux femmes et hommes, se profilent la déstructuration du salariat stable, l'apologie de la flexibilité et le nivellement des cultures. Quand Vediorbis présente une vision idyllique du travail temporaire incarnée par un chauffagiste épanoui dans son foyer douillet, portant un bébé dans les bras, l'entreprise choisit de nier la fragilisation des ménages induite par le travail intérimaire.

Autant qu'à faire vendre, la publicité s'emploie à transmettre une idéologie commerciale dont la marque est l'étendard. Du reste, l'efficacité d'un message publicitaire ne se mesure pas tant aux ventes qu'il génère qu'aux scores d'impact et de reconnaissance qu'il obtient auprès des instituts de sondage. Techniquement, il est pourtant aisé de quantifier l'incidence des dépenses publicitaires sur la consommation à la sortie des caisses. Mais cela n'intéresse pas franchement les annonceurs et leurs agences. Ils préfèrent, le plus souvent, se fier à leurs stratégies de communication plutôt que de s'exposer à la sanction du marché. Toute sortie d'un nouveau produit occasionne une mise en scène destinée à fabriquer l'événement, à favoriser l'identification à une marque. Est-ce un hasard ? En anglais, «marque» (*brand*) se retrouve dans le verbe *to brand*, qui signifie « marquer au fer rouge ». C'est bien à une domestication inconsciente que nous conduit, insensiblement, le marketing publicitaire.

La société de consommation ne peut exister sans son corollaire publicitaire. Car seule la publicité crée dans les têtes une urgence fantasmatique sans laquelle il n'est pas de tension consumériste : c'est parce que je suis sans cesse sollicité par un univers euphorisant, rempli de symboles de bonheur, que je tends vers la jouissance de l'acquisition matérielle. De ce conditionnement naît une nouvelle socialité qui pousse le consommateur à se sentir déterminé moins par son groupe social que par des aspirations collectives véhiculées par les médias. Tout est prétendument accessible, y compris le luxe, puisqu'on n'est plus censé être prisonnier de son statut mais libéré par sa consommation. À la « vieille » division entre dominants et dominés doivent se substituer des communautés de désirs, des « tribus » susceptibles de reconstruire un « *nous entièrement fabriqué par le produit ou le service* », comme dit Bernard Stiegler[46]. L'essayiste François Brune parle d'une « *volonté de saisie intégrale de l'individu dans ce qu'il a d'anonyme* ». Il s'agit de se fondre dans une identité à la fois plurielle et, parce qu'elle s'adresse à chacun en tant que cible, singulière. Ce faisant, la publicité permet la mutation d'une société de classes vers autant de cibles qu'il y a de positions économiques à défendre.

# 3

# Publicité et médias: les intérêts croisés

Les communicants se donnent beaucoup de mal pour séduire leur cible et façonner la demande du consommateur. Mais les médias jouent aussi un rôle déterminant pour faire de ce dernier un objet standard de la société de consommation et annihiler en lui tout esprit de révolte, toute solidarité de classe, toute idéologie subversive. La télévision du groupe de BTP Bouygues s'emploie à couler dans un ciment d'individualisme consumériste les pavés épars qui seraient susceptibles de voler dans les vitres de son siège social. Chaque jour à 13 heures, Jean-Pierre Pernaut présente depuis dix-huit ans un journal dont la part d'audience (56 %) n'a d'égale que la part de marché publicitaire de TF1. Le cerveau du téléspectateur reçoit quotidiennement un discours de proximité qui, quels que soient les soubresauts de l'actualité, contient sa part de bonhomie, d'images « sourires » et d'attention aux préoccupations de la ménagère. Le groupe France Télévisions, qui cherche à augmenter ses recettes publicitaires afin de contrebalancer la stagnation des revenus issus de la redevance, serait-il tenté d'en faire autant ? En avril 2006, Patrick de Carolis, son président, juge les journaux télévisés de ses chaînes « *anxiogènes, négatifs et sombres*[47] ». Le journal télévisé est un « carrefour d'audience » important pour les écrans publicitaires qui l'encadrent. Pourquoi l'homme-tronc, ou *anchorman*, qui présente le journal a-t-il chaque jour le même visage ? Parce qu'aux États-Unis, dans les années 1950, des annonceurs ont décidé qu'il fallait une même figure pour fidéliser les téléspectateurs à leurs produits.

Au cours des vingt dernières années, les programmes de télévision ont resserré des intérêts croisés avec le monde de la publicité. Sait-on que les fameux *soap operas*, tel *Les Feux de l'amour*, diffusé chaque jour sur TF1, doivent leur nom au soutien que les fabricants de savon américains apportaient naguère à ces séries ? Le soir, M6 propose des émissions de *coaching* comme « C'est du propre » ou « Super Nanny », au cours desquelles des « super-éducatrices » enseignent aux femmes l'art de s'occuper de leurs enfants, d'entretenir leur foyer ou de soigner leurs animaux... À la clé, bien sûr, une audience en adéquation avec la cible visée par la chaîne. Mais aussi, et de plus en plus, la mise en scène des produits supposés faciliter la vie des ménagères. Ainsi se multiplient les thématiques susceptibles de développer un portefeuille d'annonceurs sur le secteur des produits d'hygiène ou d'entretien, gros réservoir de publicité à la télévision. Dans son livre *L'Empire du loft*[48], François Jost affirme que l'introduction de la téléréalité par M6 en 2001 (« Loft Story ») visait d'abord à jeter des passerelles entre le monde des programmes et celui de la publicité. Il s'agissait de montrer des jeunes soucieux de plaire en prenant soin d'eux, en consommant en toute oisiveté, en discutant de sujets débarrassés de toute aspérité politique, religieuse ou sociale, afin d'offrir un contexte d'expression favorable aux annonceurs... La technique a fait florès. Toute télévision entièrement dépendante des recettes publicitaires rêve d'un téléspectateur passif qui reçoit des vérités successives et des images structurantes sans exercer le moindre esprit critique.

À la télévision comme à la radio, les intérêts croisés des agences de publicité et des médias se vérifient au quotidien à l'institut privé de mesure d'audience Médiamétrie, qui fêtait son vingtième anniversaire en 2005. Vingt ans de Médiamétrie, c'est aussi deux décennies de décervelage à coups d'Audimat, de parts d'audience et de durée d'écoute au service de « *clients qui sont aussi nos actionnaires* », comme le rappelle sa présidente, Jacqueline Aglietta. Fabricant exclusif de chiffres d'audience à destination du marché publicitaire, Médiamétrie tient dans sa main tous les médias audiovisuels représentés à son conseil d'administration et dans son capital : 35 % pour les télévisions (France Télévisions, TF1, M6, Canal Plus) ; 35 % pour les agences de publicité, les centrales d'achat d'espace et les annonceurs (Publicis, Havas-Euro RSCG, Carat, DDB Needham, FCB, l'Union des annonceurs) ; 30 %, enfin, pour les stations de radio (Radio France, Europe 1, RMC, RTL) ainsi que l'Institut national de l'audiovisuel.

Depuis 1985, cet organisme « interprofessionnel » créé à l'initiative des pouvoirs publics sert de caution à des directeurs de programmes en panne d'inspiration – l'indigence de leurs « *contenus banalisés* » a fini par inquiéter jusqu'au Commissariat général au Plan[49]. En 2003, afin d'affiner l'adéquation entre les programmes diffusés et la cible publicitaire visée, Médiamétrie crée TV Performances, un outil qui vérifie si le profil des téléspectateurs d'un programme correspond bien au public souhaité[50]. Qu'une émission déborde de sa cible de « ménagère de moins de 50 ans » ou de « responsables d'achat de 35-50 ans », et elle est immédiatement corrigée.

## LA PRESSE OU LE MÉLANGE DES GENRES

La presse écrite ne dispose pas encore de Médiamat. Cela ne l'empêche pas de vendre en gros ses lecteurs aux annonceurs. On fixe leur valeur au moyen d'études d'audience baptisées «Audience et étude de la presse magazine» (AEPM), «Ipsos France cadres actifs» ou Epic. L'audience, qui bénéficie des effets de notoriété des grands titres des médias, est un critère fondé sur le taux déclaratif de lecture, beaucoup plus avantageux pour les supports de publicité: un quotidien comme *Libération*, dont la diffusion payante moyenne ne dépasse pas 135000 exemplaires, se targue d'une audience supérieure à 800000 lecteurs en 2005. Cette même année, selon l'Office de justification de la diffusion (OJD), ventes et abonnements des journaux grand public ont encore baissé de 2,1 %. Plutôt que de chercher les causes profondes de cette désaffection, les éditeurs de presse se tranquillisent en regardant gonfler leur portefeuille publicitaire. En 2005, la publicité dans la presse mondiale a augmenté de 5,7 %, selon l'Association mondiale des journaux. En France, les temps sont cependant plus durs, comme l'atteste la faible progression de ces mêmes recettes en 2005 (+ 1,1 % selon l'Union des annonceurs). En matière d'investissements publicitaires, Internet et la presse gratuite commencent à tailler des croupières aux journaux payants.

Aussi est-il de plus en plus nécessaire de montrer patte blanche si l'on veut convaincre les entreprises et leurs courtiers en publicité d'annoncer dans la presse. Il ne suffit plus, en effet, de mettre en tête de gondole des rubriques comme «Les choses de la vie» (*Le Nouvel Observateur*), «Art de vivre» (*Le Figaro*), «Tendances» (*L'Express*) ou «Rendez-vous» (*Le Monde*). Même les suppléments *high-*

*tech*, montres, luxe ou mode ont un air de déjà-vu : ils suintent le piège à pub. Il faut donc montrer aux publicitaires qu'on les aime. On peut, comme *L'Équipe* en 2004 ou *Vogue* en 2006, recruter directement son patron – respectivement Christophe Chenut et Xavier Romatet – dans l'agence de pub DDB. Ou, comme Prisma Presse (*Capital*, *Femme actuelle*, *VSD*), débaucher Fabrice Boé chez l'annonceur L'Oréal pour succéder, en juillet 2005, à l'ancien journaliste Axel Ganz à la tête du groupe de presse. En mars 2006, le nouveau patron exigeait de ses rédactions que tout projet d'ouvrage écrit par un collaborateur de Prisma Presse lui soit soumis à l'avance, qu'il ne comporte « *aucune orientation ou interprétation politiques* » et qu'il ne mette pas en cause « *l'un quelconque des partenaires ou annonceurs publicitaires* » du groupe[51].

Des dirigeants aux ordres du marché, un ton résolument positif propice aux pages de publicité, une nouvelle école de journalisme à Sciences Po qui intègre dans son cursus « *la capacité à attirer la publicité* » : la presse ne sait plus quoi inventer pour se vendre aux annonceurs. La plupart des titres économiques ou généralistes se sont dotés de pages consacrées aux médias, au marketing et à la publicité. Leur fonction ? Installer une courroie de transmission avec le monde forcément passionnant de la « communication ». *Le Figaro*, créateur en 1987 d'une page quotidienne réservée à « *la vie des médias et de la publicité* », vite relayée par une émission clone sur LCI et TF1, a poussé très loin cette sorte de compromission institutionnelle. La rubrique offre un traitement hyperbolique à une actualité professionnelle (comme l'obtention des budgets d'achat d'espace publicitaire) qui ne présente pas le moindre intérêt pour un lectorat grand public.

Un exemple, parmi tant d'autres : le feuilleton de l'irruption du matamore Vincent Bolloré, en juin 2005, dans l'arène d'Havas. La presse expliqua d'abord que le remplacement de 4 des 18 administrateurs de cette grosse agence était censé bouleverser les règles du capitalisme hexagonal. La grande affaire fut ensuite de savoir qui prendrait la place du taureau terrassé Alain de Pouzilhac, feu président d'Havas et désormais patron de France 24. Dès lors, la dernière page saumon du *Figaro* entretenait un suspense insoutenable autour de la nomination attendue du patron de l'agence TBWA Worldwide. Le 23 juin, un gros titre nous apprend que « *Jean-Marie Dru souffle le chaud et le froid* » puis, le lendemain, que « *Dans sept jours, Jean-Marie Dru dira s'il prend la tête d'Havas* ». Finalement, c'est *Le Monde* qui fut l'auteur d'un scoop digne du Watergate avec une interview du dénommé Dru aussi efficace qu'une révélation de campagne publicitaire : « *Il y a un challenge formidable chez Havas mais je reste chez TBWA*[52]. » Pour les journalistes du secteur, il vaut mieux accepter de se prêter à ce genre de facéties sous peine d'être désavoués par leur direction. En février 1998, une rédactrice fut ainsi licenciée du *Figaro* pour « *inaptitude à se plier aux exigences rédactionnelles d'un quotidien grand public* ». Son crime ? Avoir déplu à Maurice Lévy, président de Publicis. À la faveur du récit de l'OPA ratée de cette société sur le groupe américain True North, la journaliste avait laissé entendre que ce grand patron influent profitait du conflit d'héritage opposant deux actionnaires de Publicis, Élisabeth Badinter et sa sœur, pour récupérer des actions « *à titre personnel* ». Maurice Lévy a bien sûr démenti toute implication dans ce limogeage ; et le tribunal des prud'hommes a condamné *Le Figaro*, le 8 octobre 1998, pour licenciement abusif.

L'emprise de l'agence Publicis sur une bonne partie de la presse tiendrait-elle à ses multiples imbrications capitalistiques ? Présent à 49 % dans la régie publicitaire d'Europe 1, du *Monde* et de *Libération*, le groupe de Maurice Lévy a trouvé le moyen d'étendre sa domination, *via* sa filiale Médias et Régies Europe, en s'alliant avec Lagardère. Cette société holding de Métrobus, bien connue des anti-pub pour les procès qu'elle leur a intentés à la suite de leurs barbouillages dans le métro, fédère les intérêts croisés des groupes Publicis, Lagardère, *Le Monde* et *Libération*. Le Monde société anonyme est ainsi pris entre deux mâchoires : celle du lion de Publicis, à qui il doit 12 millions d'euros sous forme d'obligations transformables en actions, et celle de Lagardère, qui a injecté dans ses comptes 25 millions d'euros en 2005 en échange de 17 % du capital du Monde SA – sous réserve d'une entente entre les régies publicitaires. « *Avec le groupe Lagardère, des accords publicitaires ont été mis en place notamment entre Interdéco, la régie d'Hachette Filipacchi Médias (du groupe Lagardère), et Publicat pour la partie magazine, et entre Régie 1, la régie d'Europe 1, et Le Monde Publicité pour le quotidien* », a précisé Jean-Marie Colombani dans *La Tribune* (30 juin 2006). Autrement dit, Europe 1, *Le Monde*, *Télérama*, *La Vie*, *Courrier international*, *Le Journal du dimanche*, *La Provence*, *Nice Matin*, *Le Midi libre*, *Paris Match*, *Elle* et *Libération* ont désormais partie liée avec Publicis, Lagardère Publicité et la régie publicitaire des magazines d'Hachette. « *L'idée est d'avoir un retour sur investissement à travers les régies publicitaires* », a prévenu Arnaud Lagardère devant les analystes financiers inquiets d'un investissement peu rentable dans le groupe Le Monde, qui accumule les pertes financières.

En 1992, un livre blanc des journalistes du *Figaro* dénonçait déjà une « *confusion entre rédaction et publicité qui contraint des confrères à citer dans des articles des annonceurs du journal et à signer des portraits-interviews entièrement réalisés par les commanditaires avec l'accord des gestionnaires du journal*[53] ». Membre du comité d'éthique du Medef et directeur de la rédaction du journal de Serge Dassault, Nicolas Beytout se flatte d'avoir assaini les relations avec les annonceurs. « *Le titre doit être complètement indépendant de la publicité, des groupes de pression, mais cette indépendance est aussi permise par sa capacité à gagner de l'argent*[54] », déclarait-il à son arrivée. Un an plus tard, nul ne sait si quelques dizaines de journalistes du *Figaro* travaillent encore aux « piges publicitaires » de quelque 60 guides hors série rémunérées par la régie Publiprint au tarif du feuillet journalistique[55]. On sait en revanche qu'à l'approche des fêtes les rotatives continuent de cracher des catalogues « attrape-pub » ponctués d'articulets plus ou moins élogieux en fonction de l'importance du budget publicitaire (350 pages pour le « Spécial cadeaux » de Noël 2004). Quant aux pages « immobilier », elles sont encore garnies d'interviews de complaisance bien faites pour gratifier les gros pourvoyeurs en annonces. Le nouveau patron de la rédaction a cependant poussé l'exigence déontologique jusqu'à faire figurer l'énigmatique et très discrète mention « *Rubrique réalisée par Publiprint* » sous un « article », par exemple, financé par le Salon de la copropriété et signé d'un certain Thierry Veyrier sur « *Les conséquences de la nouvelle donne* » des copropriétaires[56].

L'actionnaire Dassault se montre tellement soucieux de bien faire au *Figaro* qu'il a confié son œuvre moralisatrice à un directeur général, Francis Morel, condamné à quinze mois de prison avec sursis pour avoir, en 1993, cédé à un prix sous-évalué un bien immobilier des Éditions mondiales (dont il était le PDG) à une société dont il était le propriétaire. Une condamnation confirmée en cassation en 2003 mais qui, selon *Marianne*, n'a pas empêché le même Morel de faire réaliser les travaux d'aménagement des locaux du *Figaro* par une société dont il était, la veille de son arrivée, l'administrateur[57].

De tels agissement ne sauraient avoir cours au *Monde*: le quotidien publie depuis quelques années un *Livre de style*, synthèse de ses principes qui le pose en parangon de la déontologie journalistique. Mais le «style» du *Monde* consiste aussi à faire paraître des suppléments publirédactionnels sur les montres, la «vie au féminin» ou des destinations touristiques. Financés par des agences de voyages, ces derniers regorgent d'articles avenants signés par des auteurs inconnus de la rédaction du *Monde* et rétribués par des tiers. Le 13 octobre 2005, un supplément intitulé «Objectif régions» était inséré dans le quotidien, avec tous les attributs d'un vrai contenu rédactionnel: un éditorial, des articles signés, une mise en page soignée. Seule une mention entre parenthèses – de 1 millimètre de hauteur, soit une taille trois fois moins importante que le corps des caractères utilisés dans les articles –, trahissait la véritable nature du produit: *«publicité»*. Le journal «de référence» propose régulièrement à ses lecteurs des cahiers de 8, 12 ou 16 pages à la gloire d'États étrangers aussi irréprochables que le Togo, la Tunisie, la Malaisie, la Bulgarie, l'Éthiopie, l'Algérie, la Mauritanie, etc. Au total, comme l'ont rapporté Pierre Péan et Philippe Cohen dans *La Face cachée du* Monde, une cinquantaine de ces suppléments dithyrambiques ont été publiés sous le label InterFrance Media entre 1999 et 2003. La technique est aujourd'hui connue: un VRP-journaliste se présente – faussement – au nom du *Monde*, ou tout au moins pour le compte d'une agence travaillant pour lui, afin d'inviter un gouvernement à faire valoir son point de vue, lequel sera fidèlement reproduit et «rentabilisé» grâce à la publicité récoltée localement auprès d'entreprises amies des autorités en place. Le journal se dédouane en affirmant que le supplément publié dans ses pages n'engage pas la rédaction du *Monde* puisque cette dernière n'a pas participé à l'élaboration de son contenu. C'est pourtant bien en profitant du crédit de ce «*fleuron de la presse mondiale*», «*le plus lu et le plus influent des journaux hexagonaux à l'étranger*», pour reprendre l'argumentaire d'InterFrance Media cité par Péan et Cohen, que l'agence de communication vend une image d'intégrité à des États désireux de faire la promotion de leur régime ou même de répliquer à des articles défavorables publiés dans les colonnes du quotidien.

Comme l'écrit le médiateur du *Monde,* Robert Solé, le 10 mai 1999, «*la question est de savoir si* [cette forme de communication] *ne porte pas atteinte à l'image d'un journal attentif au tiers-monde et soucieux de vérité*». La «charte publicitaire» publiée dans le *Livre de style* du *Monde* stipule pourtant que «*toute formule du type "publi-reportages" ou "pages spéciales offertes" destinées à mêler contenu rédactionnel et contenu publicitaire est proscrite, tant dans* Le Monde *que dans les suppléments du* Monde». Mais comment renoncer à une manne estimée à 1 ou 2 millions d'euros par an? Selon les auteurs de *La Face cachée du* Monde, Interfrance Media est un «faux nez» de l'agence Noa, spécialisée dans la conception de pages de publicité rédactionnelle destinées à des médias réputés comme EuroNews, *Paris Match, USA Today, Time, Sunday Telegraph* et, bien sûr, *Le Monde.*

De tels écarts peuvent paraître mineurs. Ils témoignent tout à la fois d'une volonté des annonceurs de s'immiscer dans le contenu des médias et de la proximité des journaux avec ceux qui les financent. Face à ce qui apparaît comme un moindre mal, une bonne partie des journalistes demeurent apathiques, chacun se résignant à ce que son journal soit aussi un support de publicité. Il en va, expliquent les directions, de la santé économique de leur média ; laquelle détermine, par ricochet, la pérennité de leurs emplois. Mais, en utilisant les codes de l'expression journalistique afin de légitimer leur discours, notamment dans la presse féminine, les annonceurs contribuent à décrédibiliser le journalisme. Au risque d'entacher un peu plus la confiance qu'accordent les lecteurs à leurs journaux.

## LA PUBLICITÉ PAR LES RELATIONS PRESSE

Assurer un mélange des genres profitable aux annonceurs n'implique pas nécessairement de multiplier les suppléments et les compromissions avec le marché publicitaire. Il suffit aux médias d'ouvrir leur espace rédactionnel à l'action d'agences de relations presse comme Burson-Marsteller ou Hill & Knowlton, qui dépendent elles-mêmes de grands groupes mondiaux de publicité comme Young & Rubicam et WPP. Dans leur livre *L'Industrie du mensonge*[58], John Stauber et Sheldon Rampton racontent comment Hill & Knowlton, enrichis par l'État koweitien, produisit des dizaines de reportages destinés à favoriser l'offensive américaine pendant la première guerre du Golfe ; les chaînes de télévision les diffusèrent tels quels. Dans les années 1980, plus de 36 grandes entreprises américaines comme Exxon ou la National Rifle Association finançaient le programme anti-écologiste *Wise Use*. Animatrice de cette campagne, l'agence Burson-Marsteller fabriqua des groupes fictifs de citoyens et organisa des conférences pour offrir aux médias une opinion contraire aux thèses écologistes. À la même époque, la plupart des grands cabinets de lobbying (Hill & Knowlton, Burson-Marsteller, Edelman…) étaient mobilisés par Monsanto pour appuyer la commercialisation d'une hormone de croissance des vaches laitières (rBGH) censée augmenter de 25 % la production de lait. La firme de biotechnologies agricoles investit ainsi des centaines de millions de dollars en communication. La presse et la télévision furent sensibilisées à l'aide de milliers de brochures et de cassettes vidéo qui passaient évidemment sous silence le fait que le rBGH représenterait un investissement coûteux et inutile pour les petits producteurs de lait, mais aussi qu'il exigerait d'apporter aux vaches traitées un supplément de protéines – le plus souvent animales – provenant de carcasses d'animaux morts. En Grande-Bretagne comme dans la plupart des pays, cette consommation de protéines animales sera proscrite quelques années plus tard en raison des risques induits d'encéphalopathie spongiforme bovine, affection plus connue sous le nom de « maladie de la vache folle ».

Les médias audiovisuels américains raffolent de contenus préfabriqués par des entreprises soucieuses de faire passer leurs produits ou leurs idées. « *MediaLink, société qui a distribué en 1991 près de la moitié des 4000 reportages en kit fournis aux chefs de service information à travers le pays, a mené une enquête sur 92 salles de rédaction et s'est aperçue que toutes utilisaient des reportages distribués gratuitement par les agences de lobbying* », rapportent John Stauber et Sheldon Rampton[59]. En France aussi, les entreprises disposent désormais de leurs propres images, qu'elles parviennent à placer dans des programmes grand public. En juillet 1997, l'émission « Autour du Tour », diffusée de Disneyland Paris, a même coûté à France 3 une procédure de sanction du Conseil supérieur de l'audiovisuel. La chaîne diffusait des images promotionnelles réalisées par le groupe Disney lui-même, accompagnées d'un entretien bienveillant avec le directeur général du parc. Dans son rapport annuel, l'instance de régulation se disait « *troublée* » de constater que « *différentes chaînes traitaient d'un même pro-*

*duit, avec des reportages quasi similaires, tant dans les images que dans les commentaires*[60] ». En 2004, elle soulignait encore la diffusion sur France 2, le 13 décembre 2003, d'images issues de bandes de démonstration provenant de la société PSA/Peugeot Citroën dans une émission intitulée « Rayons X » et consacrée à la voiture du futur. Et, en octobre 2006, le syndicat SNJ-CGT révélait que des « interviews » du co-président d'EADS, Louis Gallois, réalisées par le service de communication du consortium militaro-aéronautique s'étaient glissées dans le jounal télévisé de France 3. Sans risque d'être contredit, le PDG annonçait que le plan de restructuration de l'entreprise se ferait « *en dialogue avec les partenaires sociaux* » et que les « *efforts* [seraient] *équitablement répartis entre les pays partenaires*[61] ». La presse écrite n'est pas en reste, qui accueille avec bonheur des photos gratuites fournies par des entreprises pour illustrer les articles de leurs coûteux journalistes. Ces derniers sont régulièrement sollicités par des agences de relations presse qui n'hésitent pas à justifier leurs prestations auprès de leur client en établissant (au tarif de l'espace publicitaire) la facture virtuelle des retombées rédactionnelles dont il a bénéficié.

Voyages de presse, invitations, cadeaux contribuent à entretenir l'amitié. En 2004, Peugeot réussit à décrocher la Une du *Parisien* ainsi que trois pages intérieures en invitant le directeur de la rédaction à essayer son nouveau modèle 407. Dotés d'un sens aigu de l'opportunisme, les cabinets d'attachés de presse développent à présent un « marketing d'embuscade » : en 1999, la société de téléphones par satellite Iridium profitait de la guerre du Kosovo pour faire valoir dans les pages des journaux généralistes que ce produit serait autant utile aux réfugiés qu'aux envoyés spéciaux qui couvraient le conflit. Plus récemment, en 2004, la société Rumeur Publique obtenait du *Monde* et de la presse nationale la publication d'articles sur EMC, « *leader mondial des solutions de stockage* » ; l'agence avait « ferré » les journalistes en soulignant que son client était prestataire de la fondation Spielberg pour la mémoire de la Shoah[62]. Conflits récupérés par Benetton, sortie de film orchestrée par une marque, événement culturel labellisé par un sponsor : tout est bon pour communiquer en profitant d'un effet d'aubaine lié à l'actualité. Ainsi, la confusion entre information et publicité va grandissant. Le summum étant atteint quand l'événement lui-même relève de la pure création publicitaire, à l'instar de la fête d'Halloween, importée en France pour relancer les ventes du fabricant de masques César.

Comment s'étonner que les entreprises françaises voient dans les médias de véritables partenaires ? En avril 1998, une étude de l'Union des annonceurs portant sur un panel de 317 responsables de la communication a montré que « *les relations entre entreprises et journalistes sont bonnes et continuent de s'améliorer* ». 81 % des annonceurs français estimaient alors que leurs « *informations* » étaient « *presque toutes* » ou « *beaucoup* » reprises. Et, à la question « *Pensez-vous que la publicité payante (avec achat d'espace) influence la politique rédactionnelle des médias ?* », 12 % répondaient « *toujours* », 35 % « *souvent* », 47 % « *parfois* », et seulement 6 % « *jamais* ». Pourtant, selon l'Union des annonceurs, aujourd'hui présidée par le patron pour l'Europe de la compagnie Coca-Cola, « *l'existence d'une pression des annonceurs sur le rédactionnel est rarement évoquée* ».

En 1992, à Washington, le Centre d'étude des pratiques commerciales invitait quelque 200 journalistes à la présentation d'un rapport intitulé *Contenu sous la dictée : comment la pression publicitaire peut corrompre une presse libre.* Cette conférence de presse n'eut aucun succès, et le sujet ne suscita pratiquement aucun commentaire dans les médias. On ne pouvait imaginer meilleure démonstration des effets de la pression publicitaire. Une association classa ce rapport ignoré parmi les « *dix meilleurs projets censurés de 1992*[63] ».

### L'ACHAT D'ESPACE MÉDIATIQUE

Comment expliquer le lien étroit entre contenu rédactionnel et publicité ? Le mécanisme de l'achat d'espace, dominé à l'échelon mondial par les groupes WPP et Publicis (voir tableau en annexe p. 146-147), explique en bonne partie ce phénomène. Véritables grossistes, les négociants d'espace publicitaire achètent en bloc aux médias une abondante quantité de pages, d'emplacements ou d'écrans publicitaires. Les agences qui vivent de cette activité (Carat, Grey, MPG) obtiennent d'importants rabais au profit de leurs clients annonceurs. Jusqu'en 1993, le système était si bien rodé qu'il permettait des financements occultes grâce à la pratique dite « des surcommissions » : les intermédiaires (les agences d'achat d'espace publicitaire) se rétribuaient non seulement sur la commission officielle (15 % du budget du client) mais aussi grâce à des rétrocommissions versées par les supports reconnaissants d'avoir été choisis.

En 1993, la loi Sapin a interrompu ce circuit soupçonné d'être détourné par les partis politiques pour financer leurs campagnes. Le nouveau mécanisme économique repose désormais sur « l'expertise du conseil » et non plus sur le simple rabais obtenu. Mais il donne naissance à une dépendance nouvelle : dans un marché hyperconcentré où l'on retrouve les groupes Publicis (Zenith Optimedia, Starcom Mediavest), Bolloré (MPG-Havas, Aegis-Carat) ou encore Omnicom (OMD), les centrales d'achat d'espace publicitaire arbitrent leurs investissements dans les médias en fonction de l'adéquation de ces derniers aux intérêts des marques qu'elles représentent. C'est ce qui explique la richesse de la presse féminine en France (*Elle, Marie Claire, Vogue*...), qui fait office d'écrin à l'industrie de la mode et des cosmétiques. Les centrales détiennent ainsi un pouvoir considérable sur de très nombreux supports dont elles peuvent affecter l'équilibre économique. Et, comme les médias ne sont plus en position de force vis-à-vis des intermédiaires – dont ils confortent moins bien les revenus –, ils répondent promptement à leurs demandes d'adaptation publirédactionnelle. Les agences recommandent désormais un « environnement propice au consommateur » qui va des rubriques « Vie quotidienne » ou « Shopping » aux minifictions télévisées financées par des marques en passant par des interviews bidons à la radio. « *Le pouvoir de caution des médias est encore peu décliné,* estiment Eryck Rebbouh et Bruno Kemoun, anciens PDG de Carat et fondateurs de l'agence KR Media. *Sans le galvauder, on peut réfléchir à des modes d'intégration plus forte des marques dans le contenu des médias*[64]. »

Quelques mois après l'adoption de la loi Sapin, François Léotard, alors ministre de la Défense, avait participé à son insu à une interview promotionnelle en faveur de Cartier sur Europe 1. Depuis, l'animatrice Maryse sert de passerelle sur cette station avec les « publi-informations » des annonceurs en faisant l'article de tel ou tel produit ou en lançant un entretien avec un médecin nutritionniste pour le compte d'Évian ou de Vittel. En 1998, l'agence Carat orchestrait le retour de Bruno Masure dans l'émission « C'est déjà demain » sur France 5. Sept ans plus tard, elle mettait un pied dans la musique en signant pour la marque de sport Asics un partenariat avec la chanteuse Malia et le groupe Dombrance. Vêtements logotypés portés par les artistes, clips financés par la marque : les agences-conseils en achat d'espace publicitaire s'occupent désormais de tout. Au point d'apparaître comme les véritables directeurs éditoriaux des nouvelles tendances des médias.

# 4

# L'altération de l'information

La dépendance des journalistes français à l'égard de la publicité est le produit d'une histoire ancienne. En 1836, lorsque Émile de Girardin fonde *La Presse*, il divise le prix de l'abonnement à son journal par deux en introduisant des annonces payantes. Ce faisant, il propulse la presse française dans une nouvelle ère caractérisée tout à la fois par l'accès des couches populaires à l'information écrite et par l'arrivée des milieux d'affaires dans l'économie des journaux. Le principe se veut vertueux : plus le journal se vend, plus il intéresse les annonceurs ; plus il a de publicité, et plus il peut abaisser son prix de vente pour tendre vers de gros tirages. Mais pareille équation repose sur une stricte séparation d'intérêts que les éditeurs de presse, d'abord soucieux d'échapper au pouvoir politique, ne sauront pas toujours préserver vis-à-vis des puissances d'argent. Car, en ouvrant leurs colonnes à la réclame, les journaux se trouvent vite confrontés à la logique d'industriels et de financiers qui trouvent là le moyen d'accéder à l'épargne populaire et de faire pression sur eux. Au tournant du XX$^{e}$ siècle, deux scandales illustrent bien cette nouvelle dépendance. Lors du percement du canal de Panamá, en 1881, 22 millions de francs-or sont alloués à la publicité pour convaincre les épargnants de placer leur argent dans une entreprise qui fera finalement faillite. Puis, en 1904 et 1905, la levée des emprunts russes incite les grandes banques parisiennes et le Trésor russe à dépenser plus de 3 millions de francs dans la presse avec l'espoir de stimuler l'ouverture des bas de laine. Le public conservera une méfiance tenace à l'égard des avis financiers et commerciaux dans les journaux[65].

Jusqu'en 1936, information et publicité font pourtant bon ménage. La vénalité de la presse de l'entre-deux-guerres atteint un degré tel que le Front populaire décide de séparer, au sein de l'agence Havas, les dépêches rédactionnelles et les activités publicitaires : ce système avait joué un grand rôle dans la promotion des emprunts russes. Mais, à la veille de la guerre, l'agence contrôle encore la publicité de plus de 200 journaux auxquels elle dicte ses règles et impose son information. Au service de l'occupant durant la guerre, Havas est remplacé à la Libération par l'Agence France-Presse. Et, tandis que les quotidiens issus de la Résistance se multiplient, la presse conquiert une indépendance relative vis-à-vis des cercles d'affaires – qui sera vite remise en cause.

Pour attirer les annonceurs, les journaux grand public doivent s'abstenir de heurter la sensibilité d'un lectorat politiquement hétéroclite. D'où la volonté de gommer progressivement tout marquage idéologique, à l'image des grands journaux anglophones. Dans *The Media Monopolist*, Ben H. Bagdikian résume ce phénomène : « *Pour obtenir davantage de contrats publicitaires, il faut des lecteurs appartenant à tous les horizons politiques. La réponse donnée par les éditeurs fut de mettre au point une technique fondée sur la "doctrine de l'objectivité", ce qui a conduit à transformer la presse américaine en une expression neutre de l'idéologie de l'establishment*[66]. » De cette symbiose d'intérêts avec les industriels, qui cherchent à vendre leurs produits par le truchement de supports débarrassés de toute aspérité, naît une nouvelle ère d'endogamie économique. Dans une étude consacrée à la presse mondiale, l'ancien journaliste Jacques Kayser, qui fut secrétaire général du parti radical-socialiste avant de devenir spécialiste des questions d'information à l'ONU, avait lucidement annoncé cette mutation : « *L'influence de la publicité sur les journaux d'envergure résulte de leur étroite association naturelle ; leur cause, sur le plan social, est identique ; leur action va dans le même sens. Il est rare que le directeur d'une importante firme industrielle ou commerciale ait à s'indigner de la tendance sociale – nous ne disons pas des positions politiques momentanées – du grand journal auquel il distribue sa publicité et qui est dirigé par un de ses collègues, qui pense comme lui sur leurs relations avec le monde du travail, sur les contrôles de l'État, sur les impôts. Pour assurer ou confirmer cette solidarité d'intérêts et cette communauté de vues, les grandes sociétés n'ont pas besoin de discuter la ligne du journal avec son propriétaire, puisque ce dernier se fait automatiquement le porte-parole de leurs pensées. Les conséquences de cette collusion, de cette identification, sont graves. Elles aboutissent à dépolitiser au maximum les grands journaux, à les vider de tout ce qui peut prêter à d'évitables controverses, à refuser l'expression d'opinions nouvelles, originales. Le conformisme à l'égard du régime économique et social, pas nécessairement à l'égard du gouvernement, est payant*[67]. »

Parallèlement, un autre média prenait son essor en s'appuyant sur la publicité : la radio. En 1934, Marcel Bleustein-Blanchet crée Radio Cité. La station a pour particularité de financer ses nouvelles avec l'argent de la réclame que le patron récolte lui-même grâce à son agence Publicis. Un modèle qu'imitera bien plus tard l'industriel Vincent Bolloré : actionnaire en 2006 de l'agence Havas et de la centrale d'achat d'espace Carat, il a tout loisir de drainer les annonceurs vers son quotidien gratuit *Direct Soir* et sa télévision Direct 8. Si l'apparition de médias d'État, symbolisés par l'Office de radiodiffusion-télévision française (ORTF), limite l'expression publicitaire pendant les Trente Glorieuses, l'arrivée de radios périphériques (Radio Luxembourg, Europe n° 1, Radio Monte-Carlo) et, surtout, l'éclatement du monopole de l'État, en 1981, vont favoriser l'irruption de la « pub » dans les médias radiodiffusés, au nom d'une nécessaire « libération des ondes ». Comme dans le cas la télévision, qui connaît sa première grande vague de privatisations au milieu des années 1980, c'est la mainmise du pouvoir étatique sur l'information qui sert de repoussoir pour justifier l'appel au marché. Jamais, dans l'histoire des médias, le terme de « libéralisation » ne fut aussi étroitement associé à son presque homonyme : « libération ». Libéraliser les chaînes, c'est libérer l'information de ses chaînes, l'« affranchir » de la « tutelle » gouvernementale. L'actionnaire privé se présente donc en libérateur. Mais une fine laisse à longueur variable est aussitôt passée au cou des journalistes, qui sont, dès lors, imperceptiblement reliés à la régie publicitaire de leur chaîne.

En 1987, Francis Bouygues se rend maître de TF1. Présentateur du journal télévisé sur la Une, Bruno Masure note immédiatement un changement : « *Le curseur bouge,* se souvient-il. *Avant on avait les pressions politiques, là, c'est les pressions économiques. C'est-à-dire qu'il y a des annonceurs très puissants qu'il ne faut pas trop chagriner. C'est vrai qu'on avait des débats en conférence de rédaction quand on mettait en cause des grosses boîtes comme Nestlé : qu'est-ce qu'on fait, qu'est-ce qu'on ne fait pas, consultons le service juridique, etc. Ce sont des gens qui annoncent chez nous, alors si on les emmerde, ils vont supprimer leur budget. C'était beaucoup plus ce style de discussions*[68]. »

Le modèle économique des médias reposait jusqu'alors sur l'idée du « produit joint », les entreprises d'information tirant leurs ressources aussi bien du marché publicitaire que du lecteur, de l'abonné ou du citoyen (*via* la redevance). Avec les radios puis les télévisions privées, l'information audiovisuelle entre dans l'ère de la dépendance étroite vis-à-vis des annonceurs. De manière plus générale, les médias deviennent des leviers d'information aux mains des seuls intérêts privés. Il en résulte une proximité de points de vue avec le monde des grandes entreprises dont témoigne, par exemple, la couverture de la grève contre le plan Juppé de réforme de la Sécurité sociale en novembre-décembre 1995 ; parallèlement, le mutisme au sujet des scandales privés tranche avec l'obstination de Jean-Pierre Pernaut, journaliste à TF1, à dénoncer le gaspillage de l'argent public.

Alors que les hommes politiques sont parfois houspillés sur les antennes, surtout s'ils ne s'inscrivent pas dans la « normalité » libérale, la sphère de l'entreprise privée devient une sorte de domaine intouchable où ni les rémunérations en or des patrons, ni les développements hasardeux (Vivendi), ni les fortunes privées constituées avec le concours de l'argent public (Pinault, Bolloré…) ne prêtent à controverse[69]. Et pour cause : les grands médias appartiennent à de grands patrons (Bouygues, Pinault, Dassault, Lagardère, Vivendi). La logique de l'audience qu'ils imposent exige de passer par le filtre du client-annonceur : « *En effet, dans les marchés traditionnels, les consommateurs "votent" d'une certaine façon avec leur pouvoir d'achat pour les produits qu'ils souhaitent consommer. Ici, ce pouvoir est transféré aux annonceurs qui ont la possibilité de décider avec leur argent, du type de programmes et d'informations que les propriétaires des médias doivent offrir aux consommateurs, afin de leur livrer l'audience la plus large possible, l'attention maximale à leurs messages publicitaires*[70]. » En France, un tel souci pour l'attention se traduit notamment par l'exploitation des crises sociales sur le mode émotionnel, comme l'attestent le suivi du mécontentement des usagers des transports pendant les grèves de 1995 ou la mise en scène de l'insécurité pendant la campagne électorale présidentielle en 2002[71].

La concurrence, pourtant, était censée réguler le marché de l'audiovisuel. Il s'agissait de parvenir à un éclatement de l'offre en brisant le joug de l'État actionnaire. Les tenants des privatisations juraient que le pluralisme en sortirait renforcé : le pouvoir n'aurait plus de prise directe sur les opérateurs de télévision cependant que câble et satellite multiplieraient le nombre de chaînes. En réalité, la ressource publicitaire a très vite donné le *la* de la « liberté » audiovisuelle. Soumises à la pression de l'Audimat, les chaînes ajustaient leur offre aux cibles de la grande consommation ou des produits de marque. Résultat : les grands opérateurs privés adaptaient leurs programmes et leur information à des standards médians susceptibles de rassembler le maximum de femmes âgées de moins de 50 ans, responsables des achats dans leurs foyers. Le modèle a vite inspiré les directions des chaînes publiques. Avec en moyenne 36 % de leurs revenus issus de la publicité, France 2 et France 3 ont imité la Une, recrutant les mêmes animateurs, usinant les mêmes présentateurs, diffusant des programmes clones à la seule fin de soutenir la compétition sur le marché publicitaire. De leur côté, et en dépit d'une certaine autonomie liée aux recettes de l'abonnement, les chaînes du câble et du satellite cherchaient à recruter des téléspectateurs actifs et aisés – cible étroite mais prisée. D'un bout à l'autre du spectre audiovisuel, la population est d'abord perçue comme une clientèle pour annonceurs. « *Paradoxalement, plus de concurrence conduit à une diminution de la diversité offerte,* écrit l'universitaire Nathalie Sonnac. *Le financement publicitaire peut ainsi affecter la diversité du contenu médiatique par l'incitation qu'il crée parfois à dupliquer ce contenu*[72]*.*»

## L'INFORMATION SOUMISE AUX CAPRICES DE LA PUB

En 2002, l'arrivée en France des quotidiens gratuits a refermé autour de la presse les mâchoires du piège publicitaire. En effet, les journaux qui dépendent à 100 % des recettes des annonceurs sont destinés à séduire une population active, jeune, urbaine. Simultanément, ils jouent un rôle déterminant dans la dépréciation du concept même de quotidien d'informations politiques et générales: effacement des prises de position politique trop divergentes, mise en avant d'une actualité loisirs, place accordée à la télévision ainsi qu'à la consommation – sans oublier l'interruption de la parution en période de basses eaux publicitaires, notamment pendant les vacances d'été et d'hiver… La boucle est bouclée: la publicité avait été introduite au XIX^e siècle pour aider l'information à atteindre le plus grand nombre de lecteurs; puis les médias avaient identifié les annonceurs comme leurs principaux clients, auxquels l'information devait s'adapter; le dernier acte se joue quand la presse se vend à la publicité et en arrive à falsifier l'information.

La couverture du tsunami asiatique permet d'en prendre la mesure. L'événement, qui s'est produit le dimanche 26 décembre 2004, n'a été rapporté dans la semaine qui a suivi ni par *Metro*, ni par *20 Minutes*, ni par *L'Express*, ni par *Le Nouvel Observateur*, ni par *Le Point*, ni par *Le Figaro Magazine*. Le tsunami a fait

295 000 morts. Mais l'événement a malencontreusement eu lieu entre Noël et le jour de l'an. Or, cette semaine-là, les journaux «gratuits» et la presse magazine d'actualité ne paraissent pas. Car la période des fêtes de fin d'année se caractérise par une décrue importante de la publicité. Les annonceurs et leurs acheteurs d'espace publicitaire partent en vacances. Pas question pour eux d'annoncer dans un magazine ou un quotidien qui ne sera pas lu dans des pays exotiques ou sur les pistes de Val-d'Isère et de Chamonix. «*Il n'y a pas de news magazines pendant les fêtes de Noël, non parce qu'il n'y a pas d'actualité, mais parce qu'il n'y a pas de publicité à ce moment-là*», a reconnu en février 2005 Marc Lecarpentier, qui fut patron de *Télérama* pendant vingt-six ans[73]. L'information cesse ainsi d'être sacrée dès lors que les cadres actifs disposant d'un confortable niveau de vie ne sont pas au rendez-vous. Le raté du tsunami a pour origine la crise publicitaire qui sévit depuis 2003.

L'année 2000 a marqué le point culminant de la bulle publicitaire. À ce moment, la surface dévolue à la réclame représente jusqu'à deux tiers de la pagination des magazines. Pour répondre à la demande croissante des annonceurs, les éditeurs ont gonflé artificiellement la partie rédactionnelle des journaux. En effet, le précieux numéro de Commission paritaire, qui donne accès aux aides fiscales et postales de l'État à la presse (278 millions d'euros en 2005), ne se conserve que sous réserve d'un bon équilibre entre publicité et rédaction. Produire du volume rédactionnel en quantité suffisante et mettre en œuvre les 35 heures impliquait l'embauche ou l'intégration de pigistes. Mais, après 2000, le mouvement s'inverse. La publicité se fait plus rare. Et les éditeurs révisent en catastrophe leur modèle économique: licenciements, plans sociaux (*Le Monde*, *Libération*, *L'Usine nouvelle*, groupe

Tests), arrêts de publication (*Le Monde initiative*, *Le Nouvel Hebdo*, *Transfert*, *Aden*), baisse de la périodicité (*L'Expansion*, *Courrier cadres*...). Comme dit Marc Lecarpentier, « *dans tous les journaux, aujourd'hui, la marge bénéficiaire est faite avec la publicité*[74] ». Les pages publicitaires se faisant moins abondantes, la couverture journalistique – sous dépendance économique – s'effiloche. De surcroît, les éditeurs soucieux de doper leur audience auprès des annonceurs avaient développé de coûteuses politiques de diffusion gratuite ou à prix cassés en échange de pages de publicité accordées à titre gracieux. *Le Monde* ou *Le Figaro* étaient ainsi offerts dans des hôtels, des aéroports, des sociétés de parking ou des traiteurs de luxe.

La crise conjoncturelle du marché publicitaire est donc vécue comme une réalité structurelle qui menace les emplois. Et, par là même, la liberté des journalistes face aux grandes entreprises, qui sont aussi de grandes pourvoyeuses de publicité. La crise financière que traverse *Le Monde* (un déficit de 54 millions d'euros en 2004 et de 28 millions d'euros en 2005) s'explique d'ailleurs en bonne partie par des prévisions budgétaires démesurées en termes de recettes publicitaires, dès 2000, au moment où le quotidien tablait sur l'argent facile des annonceurs. Depuis, l'arrivée de quotidiens gratuits comme *Metro*, *20 Minutes* ou *Direct Soir*, entièrement financés par la publicité et toujours prompts à se plier à la demande éditoriale des annonceurs, a fragilisé l'économie des quotidiens d'information. Employant de gros bataillons de journalistes, ces derniers couvrent des domaines – international, social ou culture – qui ne créent pas toujours de la « valeur » sur le plan publicitaire. L'inflation publicitaire détourne ainsi les éditeurs de presse de leurs lecteurs et fragilise leur économie en les soumettant aux caprices des annonceurs. Mais une nouvelle étape est franchie quand les *news magazines* et des quotidiens en viennent à renoncer à leur mission d'information sous prétexte que le principal client manque à l'appel.

## « NOUS AVONS FORCÉ LA DOSE »

En France, la presse reste le premier média investi par les annonceurs, avec en moyenne 49 % de ses recettes provenant de la publicité. Mais, après le recul observé en 2005 de 4 % des dépenses publicitaires pour les quotidiens nationaux et de 1,2 % pour les magazines (selon l'Union des annonceurs), même les grands empires de presse s'interrogent. Avant d'être évincé par son actionnaire Lagardère pour cause de rentabilité insuffisante, Gérald de Roquemaurel, PDG d'Hachette Filipacchi Médias, osait ainsi l'irrévérence professionnelle qui aurait coûté congédiement immédiat si elle était venue d'un de ses journalistes : « *Nos magazines sont souvent plats, sans aspérités, sans couleur* », confiait-il le 17 mai 2005 à ses pairs de l'Office de justification de la diffusion (OJD). « *Progressivement attirés par la forte croissance des budgets publicitaires à la fin des années 1990, nous avons voulu aller plus loin en inventant ce néologisme affreux, mais bien révélateur, de "magalogue" : des magazines dont la seule ambition était d'être des catalogues. Oubliant que le bon équilibre de notre métier était le 50/50 en termes de recettes entre la diffusion et la publicité, nous avons forcé la dose*[75]. »

Hachette Filipacchi Médias tire officiellement la moitié de ses ressources de la publicité. Le journal *Elle* réalise néanmoins 80 % de son chiffre d'affaires grâce aux annonces publicitaires. Ses 32 éditions étrangères, qui totalisent 40 000 pages de publicité par an, offrent aux grands annonceurs du secteur des cosmétiques un support susceptible de mettre en valeur leurs produits. Les grands magazines français sont ainsi devenus des instruments de globalisation de l'image de la femme occidentale à travers les continents, à seule fin d'apporter à l'industrie de la beauté et du luxe des cibles de consommatrices standardisées.

Las, le patron d'Hachette Filipacchi Médias réserve ses grands moments d'autocritique à un public très choisi. En période de vaches maigres, la pâture grasse se fait rare, et les journaux sont plus que jamais vigilants : mieux vaut ne rien faire qui puisse déplaire aux annonceurs. On ne se souvient pas, par exemple, d'avoir lu dans un magazine l'histoire secrète de L'Oréal, groupe qui fut fondé par un certain Eugène Schueller, ancien financier entre les deux guerres de l'organisation d'extrême droite la Cagoule, et dont le président de la filiale américaine, un certain Jacques Corrèze, avait directement participé aux perquisitions contre les Juifs[76]. Le lecteur ignore aussi presque tout de la plainte déposée le 28 décembre 2001 contre le groupe de cosmétiques pour avoir construit le siège de sa filiale allemande sur un terrain dont une famille juive avait été spoliée ? Rien de plus normal : L'Oréal est l'un des tout premiers annonceurs français. Grâce à l'appui de son agence Publicis et de son patron Maurice Lévy, il est en mesure faire entendre ses intérêts aux journaux qui seraient tentés de nuire à son image. Rares sont aussi les journalistes français qui se risquent à mettre en doute les allégations publicitaires de L'Oréal lorsque la marque affirme, au printemps 2004, que sa crème amincissante réduit de façon visible l'apparence de la cellulite ou que sa lotion antirides diminue visiblement les rides d'expression. Il a fallu que l'Advertising Standard Authority (AAA) impose en Grande-Bretagne le retrait de telles publicités pour que des journaux comme *Le Monde*,

*Libération* ou *Les Échos* rendent compte, en août 2005, de cette décision qui mettait en cause la véracité des prétendues « preuves scientifiques » apportées par L'Oréal.

## LA PRESSION DES ANNONCEURS

Il existe toujours, bien sûr, des journaux et des journalistes consciencieux, respectueux des règles déontologiques de la profession, qui proscrivent toute influence directe des annonceurs sur l'information. Mais pour les récalcitrants le prix à payer est parfois élevé. *Le Nouvel Observateur*, qui entretient une sorte de relation d'amour-haine avec les grands capitaines d'industrie, l'a appris à ses dépens, en octobre 2000, quand un article lucide sur Europ@web, feu la filiale d'investissement sur Internet de Bernard Arnault, patron de LVMH, lui a valu la suppression immédiate du budget publicitaire de ce géant du luxe. La perte a été évaluée à 1,5 million de francs. Total, Bouygues, Ford seraient eux aussi coutumiers du fait. Même Canal Plus, avec ses airs de guignol, fronce les sourcils quand en 2004 un article de *L'Équipe magazine* consacré aux vingt ans de la chaîne n'a pas l'heur de lui plaire : couic, couic ! Un mot suffit aux industriels pour couper la perfusion publicitaire. Grand pourvoyeur de campagnes de publicité pour Vivendi ou sa filiale SFR, le regretté Jean-Marie Messier fut encensé par les médias « supports ». Nul ne trouvait à redire à sa mégalomanie, pas plus qu'à sa boulimie de rachats ou à l'endettement record de son groupe. Longtemps aveuglé, *Le Monde* ne lui pardonna pas l'éviction d'un actionnaire du journal, Pierre Lescure, patron de Canal Plus. Le 15 mai 2002, un article sur « Les mystères de Vivendi », paru à la Une du quotidien du soir, eut pour effet le gel immédiat de tous les investissements publicitaires de Vivendi[77]. *Le Monde* avait commis l'affront d'évoquer une « quasi-cessation de paiement » sur la foi du témoignage d'un cadre de la direction financière du groupe. Devant la pression publicitaire et la menace d'un procès, le journal se retrouvait à la merci de son premier annonceur. Ne restait plus qu'une solution : que J2M saute ! Trois Unes furent dévolues à cette entreprise. Ce n'était d'ailleurs pas une première : en 1994, le PDG d'Alcatel avait lui aussi conçu l'idée funeste de couper son budget publicitaire au *Monde* (3 millions de francs). « *Il s'est écoulé peu de temps entre le moment où Alcatel nous agressait et celui où M. Suard a été remercié par ses actionnaires* », s'est félicité Jean-Marie Colombani[78]. *Le Nouvel Économiste*, *L'Expansion* et *Capital* ont également fait les frais de représailles du patron d'Alcatel ou d'autres annonceurs.

Pour autant, le rapport de force tourne rarement à l'avantage des journalistes. Aux États-Unis, de grandes firmes comme BP et Morgan Stanley ont adopté le concept de « tolérance zéro » vis-à-vis de toute publication dont la couverture éditoriale ne leur agrée pas. L'agence d'achat d'espace publicitaire WPP a ainsi reçu en 2005 une règle de conduite de la British Petroleum intitulée « 2005 BP Corporate-RFP » demandant à toute publication qui accepte ses publicités de lui communiquer à l'avance tout texte ou photo mentionnant la compagnie, un concurrent ou même l'industrie pétrolière et énergétique dans son ensemble. La firme s'est défendue en affirmant qu'elle n'a jamais demandé à lire à l'avance un article mais à être informée de la prochaine parution d'un sujet la concernant. Sa note indiquait cependant de façon claire et précise qu'elle n'accorderait plus de publicité institutionnelle à un *newsmagazine* « *sans se soucier de savoir si son contenu éditorial est considéré comme positif ou négatif*[79] ». Il est aujourd'hui admis de façon tacite dans de très nombreuses publications américaines qu'une publicité doit être retirée si elle est susceptible d'avoisiner des articles négatifs sur des sujets comme l'industrie aéronautique ou automobile ou celle du tabac.

## DE L'AUTOCENSURE AU JOURNALISME DE MARCHÉ

Les bonnes manières de la British Petroleum restent assez rares. Car, en général, les médias s'emploient à ne pas déplaire sans même qu'on les y contraigne. Ils célèbrent spontanément le consumérisme et l'optimisme économique, afin de ne pas trop pénaliser « l'environnement publicitaire ». Les couvertures des magazines féminins appellent à être « *bien dans sa vie* », à affronter « *la vie avec le sourire*[80] » en multipliant les sujets sur la forme, le bien-être, le bonheur ou la santé. Pour un annonceur, il n'est que très exceptionnellement nécessaire de couper son budget publicitaire pour faire valoir ses intérêts : le plus souvent, l'autocensure fonctionne à plein régime. Et, si le message n'est pas suffisamment entré dans les têtes, il est rappelé dans les actes. La télévision privée, toujours prompte à dénoncer les scandales publics, se montre plus réservée quand il s'agit d'enquêter sur ses propres annonceurs. Le 25 septembre 2005, un reportage sur la voiture Logan est amputé de sept secondes dans l'émission « Capital » sur M6. Dans les images supprimées, à la question de savoir si ce modèle de Dacia, filiale de Renault, faisait perdre des parts de marché au constructeur français, un importateur répondait : « *Oui, je crois.* » Huit jours plus tard, le Comité des constructeurs français confirmait que Renault avait perdu, en incluant les ventes de la Logan, 2,8 points de parts de marché. Jérôme Bureau, directeur de l'information de M6, a justifié sa coupe devant la Société des journalistes en expliquant que Renault est un «*gros annonceur*» et «*pas le charcutier du coin de la rue*[81]». En février 2006, le même homme maniait de nouveau les ciseaux dans une autre enquête de l'émission «Capital» sur la Française des jeux. Le reportage précisait les chances réelles de gagner aux jeux de grattage et détaillait le caractère non aléatoire de la répartition des gains. Coupe des huit minutes les plus embarrassantes pour l'annonceur, réécriture du commentaire par le directeur de l'information, réenregistrement de la voix du commentateur par un autre journaliste: en 2005, la Française des jeux avait investi 12 millions d'euros dans les écrans publicitaires de M6[82]. Pour animer ses émissions d'information, en juin 2006, la même chaîne annonçait sa décision de recruter Mélissa Theuriau, présentatrice à LCI et modèle pour les lunettes Vuarnet. C'est l'une des rares journalistes à accepter de faire de la publicité... De leur côté, les quotidiens gratuits ont fait preuve d'une discrétion exemplaire quand Daniel Bernard, PDG de Carrefour, a empoché la modique somme de 38 millions d'euros d'indemnités après son éviction. Est-il besoin de préciser que Carrefour compte au nombre des (très) gros annonceurs de *Metro* ou de *20 Minutes*?

Officiellement, il n'existe aucun interdit pesant sur l'information. Mais les impératifs publicitaires s'intègrent si bien en amont que le milliardaire Vincent Bolloré confie la conception éditoriale de ses quotidiens gratuits à une agence de publicité, Euro RSCG, et à son patron, Jacques Séguéla, vice-président du groupe Havas, dont l'industriel est le propriétaire. Sans toujours atteindre ce degré de caricature, le journalisme de marché impose aux éditeurs un statut de « partenaires de communication » : les Unes des quotidiens gratuits se transforment en relais efficaces d'opérations commerciales, celles des *newsmagazines* voient fleurir des « marronniers* » comme « les salaires des cadres », des suppléments vins (qui permettent de contourner la loi Évin interdisant la publicité pour l'alcool), des rubriques sur les tendances de la consommation (la « folie numérique », par exemple) ou encore des numéros spéciaux sur l'immobilier. La plupart des magazines français communiquent aux annonceurs ainsi ciblés le sommaire des dossiers qu'ils cherchent à commercialiser sur le marché publicitaire, et évitent d'éveiller la suspicion des bailleurs de fonds par un article critique sur une entreprise. Cette pratique a pour conséquence de raréfier les « mauvais papiers » au sujet de marques qui sont aussi de gros clients. En période de disette publicitaire, les éditeurs ont vite fait d'arbitrer entre les quelques centaines ou milliers de lecteurs fidèles que leur apporterait ce gage d'indépendance et les centaines de milliers d'euros qui récompensent une allégeance sournoise.

La campagne publicitaire en faveur de la privatisation partielle de Gaz de France, en 2005, témoigne de l'efficacité du procédé. Rares furent les médias à s'inquiéter d'un tel bradage d'un service public, qui entraînait pour le consommateur une hausse des prix de 12 % en novembre 2005 et de 5,8 % le 1er avril 2006. Au contraire, le point de vue de l'actionnaire fut systématiquement préféré à celui de l'usager : « *Gaz de France fait déjà des étincelles* », s'enflammait *Le Journal du dimanche* (10.7.05), « *Gaz de France, succès populaire de la privatisation* », clamait *Le Monde*, « *Les actions Gaz de France plébiscitées par le*

* Dans le jargon journalistique, un « marronnier » est un sujet qui revient chaque année.

*public*», se réjouissait *Le Figaro économie* (7.7.05), « *GDF s'annonce comme grand succès populaire* », entendait-on encore sur France Info (octobre 2005). Peu après, un enthousiasme unanime salue le « succès sans précédent » de la privatisation d'EDF lorsque près de 5 millions de personnes souscrivent à la mise sur le marché de 15 % de son capital. Quoi de plus normal ? Dès le mois de mai 2005, la direction de l'entreprise publique inondait la presse avec un slogan en forme de profession de foi : « *Nous sommes l'entreprise préférée des Français. Notre nouveau statut est fait pour que nous le restions.* » Ce concert a facilement recouvert les quelques voix discordantes, comme celle de Henri Emmanuelli, député PS des Landes, protestant contre une « *campagne publicitaire au service du gouvernement et de ses thèses* » et contre le fait qu'une entreprise publique « *prenne position par voie de presse sur son futur statut*[83] ».

Six mois plus tard, des clips télévisés se livrent à un nouveau tour de prestidigitation : « *C'est à nous* », crient de gentilles familles françaises, au moment même où des fonds d'investissement américains s'apprêtent à se ruer sur le capital d'EDF. Le débat sur la sécurité nucléaire, sur les risques d'augmentation des factures afin de servir de fructueux dividendes aux actionnaires et sur la nécessité d'un investissement sur le long terme pour moderniser les infrastructures électriques eut bien lieu. Mais il fut en quelque sorte annihilé par le constat incantatoire d'un afflux inespéré de l'épargne populaire. La publicité, relayée par les innombrables éditorialistes à l'écoute des marchés, avait réussi son alchimie : transformer en succès public une privatisation opérée au profit d'intérêts particuliers. En 2005 et 2006, la libéralisation du renseignement téléphonique inonda les médias de campagnes fleuves sur les numéros en « 118 ». Leur bilan est accablant. La disparition d'un service public performant (le « 12 »), le 3 avril 2006, aura incité 27 nouveaux opérateurs à dépenser 212 millions d'euros en publicité en six mois, selon Taylor Nelson Sofres. Pour autant, cette mise en concurrence de France Télécom n'aura abouti qu'à rétrécir le marché de 30 %, à le concentrer sur quatre acteurs principaux capables de surinvestir dans la publicité, et à créer la plus grande confusion sur les tarifs pratiqués. Les médias de masse, qui vivent de la publicité, n'ont guère critiqué ce qui apparaît comme un vecteur d'inflation tarifaire et de destruction d'emplois. En novembre 2005, France Télécom (qui n'a conservé que 30 % du marché) employait 2600 salariés au service du « 12 ». Ils ne sont plus que 1460 en septembre 2006. Et la CGT n'en prévoit guère plus de 750 à la fin du premier trimestre 2007.

## LA DÉMISSION OU LE COMPROMIS IMPOSSIBLE

Globalement, la presse française n'est pas encore réduite à vendre du « *temps de cerveau disponible* » à Coca-Cola, comme le PDG de TF1. L'heure n'en est pas moins à la démission généralisée devant la pression publicitaire. En décembre 2004, personne ne s'offusque quand Claude Perdriel, propriétaire du *Nouvel Observateur* et de *Challenges*, déclare : « *Si je crois dans la qualité de l'information d'un journal, je crois et j'accepte plus facilement les pages de publicité que je lis. De plus, comme les articles sont plutôt longs chez nous, le temps d'exposition à la page de publicité est plus grand*[84]. » Le lecteur du *Nouvel Observateur* est heureux d'apprendre que si son hebdomadaire, qui consacre jusqu'à 85 % de ses pages de droite à la publicité, s'efforce de lui proposer des articles, c'est afin de mieux permettre à la marque avoisinante de s'infiltrer dans son inconscient. Claude Perdriel a fini par laisser libre cours à son penchant commercial en positionnant son nouvel hebdomadaire *Challenges* sous le signe du journalisme positif: « *Challenges va répondre à la vraie définition du news en jetant un regard positif sur l'entreprise et les entrepreneurs*[85]. » La « positive attitude » chère à la chanteuse Lorie et à Jean-Pierre Raffarin comme charte éditoriale, tel est l'un des multiples avatars de la culture publicitaire.

Ainsi l'écrit a-t-il de plus en plus valeur d'écrin pour les pages de publicité. En octobre 2005, *Le Figaro*, qui tire quelque 70 % de ses revenus de la publicité, inaugurait une nouvelle formule divisée en trois cahiers quotidiens dont le dernier, intitulé « Et vous », se destine spécialement à accueillir un environnement consumériste susceptible de séduire les annonceurs sans risque de télescopage avec une actualité dramatique. Quelques années auparavant, *L'Express* avait ouvert la voie en créant un supplément intitulé *L'Express mag*, qui célèbre en textes et en images tout ce que la société de consommation peut apporter de bénéfique. Dans la presse hebdomadaire française, il est de plus en plus difficile de lire un article situé sur une page de droite: les publicitaires ont décrété qu'elle était plus facile à mémoriser que la page de gauche. La prochaine étape? Le magazine américain *Forbes* défriche l'avenir de la presse en ligne en cherchant à commercialiser directement sous forme de liens numériques les mots et les marques qui seront utilisés par les journalistes dans leurs articles. Ce jour-là, la rédaction aura achevé sa fusion dans la publicité.

Les effets pervers de la pression publicitaire résident peut être encore davantage dans ce qu'on oublie que dans ce qu'on publie. Les informations sociales ou l'actualité du tiers-monde, qui n'ont pas de valeur marchande auprès des annonceurs, se résument généralement à leur plus simple expression dans les médias vivant de la publicité. Le cahier hebdomadaire *Le Monde initiative*, qui suivait le climat social des entreprises dans le quotidien du soir, a par exemple été remplacé à la fin des années 1990 par un supplément destiné à chanter les louanges du « monde interactif » et de la nouvelle économie, beaucoup plus généreuse en budgets publicitaires venus des nouvelles technologies, des médias ou de la téléphonie. *Le Monde initiative* est ensuite reparu sous forme de mensuel avant d'être interrompu, faute de publicité. À l'inverse, la micro-économie, les innovations industrielles et les tendances de consommation font florès dans les médias. Comme le note Julien Duval, la montée en puissance des rubriques et des journaux économiques s'explique par un « *mécanisme vertueux* » : « *S'adressant, au moins en partie, à des lecteurs demandeurs, par leur profession ou leur statut, d'informations sur le monde économique, ces médias peuvent développer des rubriques dont la mise en place et le développement dans les autres médias sont beaucoup plus difficiles et accroître, par leur capacité à produire de l'information, leur clientèle, leur prestige externe et leur crédit interne. Davantage cité, le journal attire simultanément les annonceurs et les lecteurs. Le capital économique se convertit ainsi en capital journalistique, qui se reconvertit à son tour en capital économique*[86]. » Pour assurer une information financièrement « utile », la plupart des correspondants étrangers sont d'ailleurs concentrés dans les grandes capitales économiques du monde occidental.

À l'opposé de ces médias dominants, *Le Canard enchaîné* refuse toute ressource publicitaire. Des journaux comme *Marianne*, *Alternatives économiques* ou *Le Monde diplomatique* ne sont que très faiblement investis par le marché des annonceurs. Si *Le Monde diplomatique* a choisi de limiter à 5 % de son chiffre d'affaires la part de ses revenus imputable à la publicité, il n'en va pas de même pour *Marianne,* qui a très longtemps cherché son équilibre économique auprès d'entreprises réticentes à apporter leur soutien à une ligne éditoriale résolument orientée contre la «*pensée unique*». Même si l'hebdomadaire de Jean-François Kahn a tenté d'appâter les annonceurs en confiant pendant un temps sa régie publicitaire à Publicis ou en faisant valider ses chiffres de vente par l'Office de justification de la diffusion, il n'a jamais capté un flux publicitaire proportionnel à sa large audience. Le marché des centrales d'achat d'espace a invoqué un lectorat insuffisant de cadres décisionnaires en entreprise. Mais, doté d'une audience croissante et d'un grand dynamisme sur le critère de la vente au numéro qui le place en tête de tous les *newsmagazines* avec près de 200 000 exemplaires, *Marianne* a surtout pâti d'une mauvaise image depuis qu'il a osé critiquer ouvertement le groupe Dassault ou McDonald's. « *Vous critiquez le système économique. Eh bien! vous n'avez qu'a vous passer de la pub*», explique Jean-François Kahn à la journaliste Florence Amalou[87] pour commenter le résultat d'une enquête réalisée par la filiale de Publicis, Médias et Régies Europe, auprès d'une cinquantaine d'annonceurs potentiels. Finalement, c'est en augmentant de 50 % son prix de vente que *Marianne* a pu trouver son salut. L'indépendance rédactionnelle a un prix qu'il est vain de vouloir faire assumer par des annonceurs et leurs agences de publicité: ces derniers ne sont ni des mécènes ni de simples diffuseurs d'avis commerciaux, mais les gardiens du temple de l'orthodoxie libérale.

# 5

# «La grande pub n'est plus de saison»

## Un début de désaveu

Confrontés à la lassitude des Français face au déferlement publicitaire qui envahit leurs écrans, leurs journaux, leurs radios ou leurs villes, les professionnels du secteur cherchent une parade. Faut-il remettre en cause le caractère ostentatoire d'une telle omniprésence? En novembre 2004, un sondage Ipsos réalisé pour l'agence publicitaire Australie a révélé que 73 % de Français jugeaient la publicité «*envahissante*» et qu'un quart d'entre eux se déclaraient même publiphobes. Pour répliquer à ce début de désaveu, les publicitaires entreprennent de rendre la réclame imperceptible en multipliant les «*points de contact*» avec le client. Comme l'explique Christophe Lambert, le patron de Publicis Conseil, «*le métier de publicitaire est beaucoup plus difficile que par le passé. Nous n'avons plus beaucoup d'arguments produit et nous devons créer de plus en plus de liens avec le consommateur*[88] ». Les longs tunnels de pub à la télé, l'indigence du discours des «créatifs», le matraquage des affiches dans le métro et la crétinerie toujours accrue des spots radio ont fini par lasser… Parallèlement, les annonceurs de télévision sont saisis d'effroi devant la montée outre-Atlantique du Tivo, ce magnétoscope numérique qui permet de regarder les programmes télévisés avec un léger différé tout en zappant la publicité. Aux États-Unis, on estime que 70 % des possesseurs de ces enregistreurs numériques (ou DVR: *digital video recorders*) utilisent précisément cette fonction. Si on ajoute à cela la montée en puissance de l'Internet haut débit et des services de vidéo partagée (Youtube, dailymotion), la consultation à la demande des programmes audiovisuels, l'attrait grandissant des moteurs de recherche qui permettent de mieux appréhender l'identité du consommateur ou encore la part croissante occupée par le DVD dans la consommation d'images, on comprend qu'une ère nouvelle paraît s'ouvrir: celle de « *La Vie après le spot de trente secondes* », pour reprendre le titre d'un livre de Joseph Jaffe (éd. John Willey & Sons). Selon cet auteur « *rien n'a changé, sauf les consommateurs car ces derniers ne prennent plus pour argent comptant le message publicitaire*[89] ». Il est donc jugé de plus en plus indispensable de dissocier la communication des annonceurs de l'espace publicitaire classique dans les médias. Place donc à l'*entertainment*, le divertissement à l'américaine où les marques se nichent en catimini au cœur même des contenus.

L'animateur Michel Drucker a pu mesurer qu'une telle industrie était d'abord une affaire de professionnels. Son émission à la gloire d'Airbus, « *A380, l'envol d'un géant* », diffusée en juin 2005 sur France 2 et rémunérée 131 560 euros par l'agglomération du Grand Toulouse de Philippe Douste-Blazy, lui a valu une convocation du CSA – sans conséquences, bien sûr. De modestes tourments qui lui auraient été épargnés s'il avait, comme Martin Scorsese, suivi les conseils d'Euro RSCG. Cette filiale du groupe Havas s'est en effet chargée de la communication de l'inauguration de l'A380, depuis la campagne de relations publiques jusqu'au dévoilement en grande pompe de l'appareil. Aux télévisions, l'agence a proposé « clés en mains » un documentaire publicitaire signé du réalisateur américain. Pourquoi une telle sophistication du message alors qu'il suffit d'acheter quelques spots bien placés pour être vu et entendu de tous? «*La grande pub n'est pas de saison*», a justifié Jacques Séguéla, vice-président d'Havas, en faisant la réclame du film promotionnel de Scorsese[90].

## LE CINÉMA, UNE INDUSTRIE PUBLICITAIRE

La grande pub, en effet, n'est plus de saison. Il importe de distiller les marques non plus dans des espaces qui leur sont réservés à côté des contenus, mais au sein même de ces contenus. À condition de rendre cette fusion ludique et acceptable. Le phénomène est connu des téléspectateurs américains: l'*advertainment*, contraction de *advertising* et *entertainment* («publicité» et «divertissement»), se concrétise dans le placement de produits au cœur des films et des séries TV. En 2004, la société PQ Media a comptabilisé 9334 intrusions de marques dans les émissions télévisées américaines, ce qui représente un investissement d'un montant total de 4,25 milliards de dollars et une hausse annuelle de 23 % par rapport à 2003. Ainsi les candidats du jeu de téléréalité «Survivor», isolés sur une île déserte tels des Robinson, survivent-ils grâce aux chips Doritos et à la bière Mountain Dew! Au cinéma, où le placement de produits assure une bonne part du budget des films, des scènes entières sont scénarisées en fonction des impératifs de ces annonceurs clandestins. On sait que les films de James Bond constituent une publicité ambulante pour des marques de voitures, de montres ou de whiskys. Mais Steven Spielberg s'impose aussi comme un des maîtres du genre. En 1982, l'extraterrestre *E.T.* manifestait un appétit hors norme pour les Reese's Pieces, une marque américaine de bonbons. En 2002, dans *Minority Report*, dont l'intrigue se déroule en

2054, le réalisateur offre une postérité à des marques comme Pepsi, Reebok, Guinness, Century 21 et Gap grâce à des plans, voire des séquences entières, totalement inutiles mais, pour le plus grand bonheur de la production, grassement rémunérés. En 2000, c'est encore une coproduction entre la Fox et Dreamworks, le studio cinématographique de Spielberg, qui permet au transporteur FedEx d'apparaître comme le véritable héros du film *Cast Away*, de Robert Zemeckis : l'acteur Tom Hanks y incarne un employé zélé de cette entreprise. Enfin, en 2005, Dreamworks produit *The Island*, de Michael Bay, film qui « *est au cinéma ce que le publireportage est à la presse écrite*[91] ».

Depuis 2001, le placement de produits ne fait plus seulement partie du décor des films : l'intégration des marques est passée à l'âge industriel avec l'apparition de contrats globaux liant annonceurs, producteurs et diffuseurs. Cette année-là, Procter & Gamble signait un contrat de 500 millions de dollars avec Viacom et sa chaîne CBS pour mettre ses produits à l'écran. En janvier 2005, Volkswagen investissait 200 millions de dollars pour retrouver ses véhicules dans les films des studios Universal et les programmes de leur propriétaire NBC. Un mois plus tard, Omnicom, le numéro un mondial de la publicité, lançait une filiale spécialisée dans l'*entertainment*. Objectif : développer des programmes audiovisuels en relation avec des annonceurs. À l'automne 2005, c'est au tour des frères Harvey et Bob Weinstein, débarqués par Disney de leurs studios Miramax, de se lancer à la conquête du monde du cinéma en créant un nouveau groupe de production qui intègre directement dans son tour de table TF1 et le géant de la publicité WPP (Young & Rubicam, J. Walter Thompson, Ogilvy, Grey). La première décision du nouveau tandem du cinéma « indépendant» sera de signer un accord avec L'Oréal. À n'en pas douter, la création cinématographique ouvre un nouveau théâtre d'expression aux marques désireuses d'être mieux assimilées par des consommateurs rétifs au matraquage publicitaire.

En France, les adeptes de ce *Truman Show* qui n'a plus rien de futuriste ont pour noms, entre autres, Claude Lelouch ou Jean-Luc Besson. Par le truchement de sa société de production EuropaCorp, ce dernier assure une publicité suivie pour Peugeot dans la série des films «Taxi». Mais, dans le pays du «septième art» aussi, on change d'échelle. En 2005, la filiale française de la centrale d'achat d'espace Aegis a créé Carat Sponsorship Entertainment afin de rendre la publicité inhérente aux programmes et de la faire mieux accepter par le consommateur[92]. À la télévision, le Conseil supérieur de l'audiovisuel proscrit en principe une présence trop visible des marques à l'insu des téléspectateurs. Mais la vénérable institution ne peut que constater les dégâts lorsqu'il s'agit de longs-métrages. Il faut vraiment que le film soit destiné à un jeune public, comme *Chérie, j'ai rétréci les gosses* en 2002 sur M6, pour que l'instance de régulation s'étonne de l'omniprésence d'un restaurant McDonald's. Bien que la publicité clandestine soit interdite dans les séries télé, TF1 fait ostensiblement rouler Julie Lescaut en Peugeot, et Navarro en Renault. Toutefois, quand un épisode de «Commissaire Valence» d'octobre 2004 tourne au clip promotionnel pour la Peugeot 407, le CSA ose mettre TF1 en demeure d'être un peu moins voyante.

Pour l'heure, la télévision française fait figure d'«exception culturelle» face à l'intrusion des marques dans ses contenus. Mais pour combien de temps? En décembre 2005, la Commission européenne a révisé sa directive

«Télévisions sans frontières» dans un sens plus libéral. Il s'agit d'autoriser définitivement le placement de produits sur le petit écran, comme aux États-Unis. La réglementation française permet déjà la remise de lots dans les émissions de jeux télévisés. Lorsque cette directive sera transposée dans la loi, en 2008 ou 2009, il ne faudra plus attendre que trente minutes pour couper une œuvre cinématographique mais aussi un programme d'information ou destiné aux enfants. Quant aux limites quotidiennes de diffusion de publicité, elles seront supprimées et remplacées par un plafond de douze minutes par heure.

## LA «SCÉNARISATION» DES MARQUES

En attendant, l'invasion publicitaire se poursuit au-delà du seul périmètre des médias traditionnels, afin de favoriser une exposition tous azimuts par les moyens les plus détournés. Nul n'ignore le principe du sponsoring, qui permet à un parrain de voir sa marque apparaître sur le maillot d'un sportif. Aux Jeux olympiques d'Atlanta, en 1996, l'athlète Marie-José Pérec sautillait pour entrer dans le champ d'une caméra qui ne cadrait que son visage et omettait le sigle du sponsor apposé sur son maillot. On écarte le risque de telles péripéties en plaçant la marque au cœur même de l'événement: le Tour de France 2005 oppose ainsi les équipes Cofidis, Crédit agricole, Bouygues Télécom ou Française des jeux, tandis que les voiliers de compétition ne portent plus que des noms de sponsors. Pourquoi ne pas franchir un pas supplémentaire en achetant le nom de «l'événement» lui-même? C'est l'Open Gaz de France pour le tennis, les NRJ Music Awards pour la musique, la transat Jacques Vabre ou le Trophée Clairefontaine pour les bateaux. Et lorsque aucune compétition sportive ne comble les désirs d'un annonceur, il suffit de la créer de toutes pièces : BNP Paribas et Playstation ont organisé le lancement d'un tournoi virtuel de Roland-Garros à la seule fin de vendre aux jeunes leurs produits et leurs services. Comme l'explique Rémi Babinet, l'un des présidents d'Euro RSCG, « *pour décliner une stratégie, on peut utiliser comme média aussi bien une fête qu'une affiche, un spot ou une musique*[93] ». McDonald's a par exemple proposé à des rappeurs d'incorporer le nom « Big Mac » dans leurs chansons en échange d'une rémunération de 1 à 5 dollars par diffusion[94]. Même le livre n'est plus un sanctuaire. En témoigne l'association de Ford, en 2004, avec l'écrivain britannique Carole Matthews pour la promotion d'un de ses modèles dans les romans de l'écrivain.

La scénarisation des marques se manifeste également dans des miniprogrammes télévisés sans liens apparents avec un annonceur. « Allô, t'es où ? » avec Orange, « Du côté de chez vous » avec Leroy Merlin ou « C'est quoi ton sport ? » de McDo sont diffusés sur TF1 en dehors des écrans publicitaires. « *Normal,* estime Jacques Séguéla, *c'est la publicité qui paie le spectacle de nos télévisions, pourquoi n'en serait-elle pas coproductrice ? Quel est le programme le plus regardé aux États-Unis dans les trente-trois derniers mois ? Une minisérie de quatre minutes diffusée tous les soirs en prime time, écrite, réalisée et jouée par les équipes de "24 heures" dont l'héroïne est le nouveau 4 × 4 Ford. Les téléspectateurs américains se sont pressés pour regarder les aventures tragi-comiques de la nouvelle Ford. Quand arrivait l'écran de pub, ils zappaient*[95]. » Ainsi, l'annonceur n'est plus ostensiblement visible dans sa démarche publicitaire… tout en étant parfaitement mémorisable.

Même la rumeur – on parle de *buzzmarketing* – constitue un moyen déguisé de vendre un produit en convainquant, comme Procter & Gamble, 250 000 jeunes qu'ils appartiennent à un groupe de « leaders d'opinion » sous le prétexte de réaliser des études de marché. On parle encore de « marketing viral », à propos d'une nouvelle technique de communication qui consiste à transformer tout récepteur d'un message en émetteur, en échange de cadeaux ou d'une gratification symbolique (appartenance à un club, à une communauté...). Les « marketers » prétendent ainsi rendre la publicité invisible, incolore, inaudible... mais pas inodore : par la magie du marketing olfactif, *Libération* propose des couvertures aux senteurs appuyées à ses annonceurs tandis que France Télécom diffuse depuis peu des parfums orangés dans ses agences pour inciter les gens à courir vers sa filiale Orange.

## L'ENFANT, CIBLE PUBLICITAIRE PRIVILÉGIÉE

Un client enrichira d'autant plus une marque qu'il y aura été fidélisé plus jeune. Et, si possible, dès la cour de récréation. L'enfant joue en effet un rôle prescripteur très important, non seulement pour les achats qui lui sont destinés, mais aussi pour certains biens d'équipement de la famille. Depuis 2002, un Code de bonne conduite du BVP stipule néanmoins que « *le message publicitaire ne doit pas comporter des mentions incitant directement les enfants à persuader leurs parents de leur acheter le produit ou service présenté* » ou encore à « *dévaloriser l'autorité, la responsabilité ou le jugement des parents et des éducateurs* ». La lutte contre l'obésité interdit également de montrer des enfants s'empiffrant de bonbons, de laitages ou de barres chocolatées. Les publicitaires contournent ces contraintes en explorant de nouvelles voies d'expression. Les uns, on l'a vu, injectent directement les marques dans les programmes pour la jeunesse, par exemple en faisant boire au héros du dessin animé *Sonics* un breuvage qui ressemble étrangement à du Coca-Cola malgré l'absence d'étiquette. D'autres incitent leurs clients à parrainer des manifestations sportives, comme le fabricant de produits chocolatés Kraft Foods avec le handball. D'autres enfin prennent le chemin de l'école pour apporter un soutien « pédagogique » aux élèves démunis.

Aux États-Unis, 8 millions d'adolescents âgés de 11 à 17 ans ont ainsi l'obligation de visionner chaque jour la chaîne Channel One, qui leur propose un journal télévisé de dix minutes, dont deux sont consacrées aux publicités pour des produits adaptés à leur âge. En échange, les établissements reçoivent un téléviseur, un magnétoscope et des dotations financières ou matérielles. Si la publicité est interdite dans les écoles françaises depuis le Front populaire, une circulaire de Jack Lang datée du 28 mars 2001 autorise des « actions de partenariat » avec des entreprises, à condition qu'elles s'inscrivent dans des programmes scolaires, qu'elles soient liées à l'éducation ou qu'elles favorisent un apport technique, notamment pour des réalisations multimédias. C'est la voie réglementaire par laquelle s'engouffrent les marques. Depuis 1995, le groupe PSA Peugeot Citroën distribue chaque année dans des lycées 170 000 documents de sensibilisation des jeunes à la sécurité routière, en vertu d'un accord signé avec le ministère de l'Éducation nationale[96]. Gaz de France équipe de son côté 80 lycées professionnels en véhicules fonctionnant au gaz naturel au nom d'un partenariat avec le même ministère. Dans ces cas précis, les entreprises se prévalent d'un service d'intérêt général rendu à la vie des établissements. Mais le raisonnement montre sa limite quand Coca-Cola distribue à 4 000 professeurs de technologie des classeurs sur « L'origine de la distribution automatique», quand le groupe bancaire CIC organise dans les établissements scolaires un jeu-concours («Les masters de l'économie») pour préparer les élèves à la spéculation boursière, ou quand le fabricant de soupes Knorr vante les bienfaits de ses breuvages dans un «kit pédagogique» coédité avec le Centre français d'éducation pour la santé[97]. En 1998, un rapport commandé par la Commission européenne révélait que les marques Nestlé, JVC, Swatch ou Air Inter, etc., apparaissaient dans un manuel édité par Hachette pour des élèves de CM1. Selon la revue du mouvement Casseurs de pub, un livre de lecture pour CP-CE1, *C'est à lire,* lui aussi édité par Hachette, apprend la lecture aux enfants par l'entremise d'un ours qui se lèche les babines devant un bol de céréales Kellog's. L'enfant est invité à écrire que l'ours aime «*ces délicieuses céréales au chocolat, bien sûr*[98]».

Ce type de messages clandestins est d'autant plus problématique que les enfants de moins de 8 ans n'ont pas une perception claire de la publicité. Comme l'a montré la sociologue Monique Dagnaud, «*l'aptitude critique à l'égard de la magie publicitaire se construit entre 8 et 11 ans, selon la maturité intellectuelle de chacun*[99]». Laquelle «maturité» dépend aussi du milieu social et culturel dans lequel évolue l'enfant et du degré d'éducation face aux images de la publicité. En 2005, une chaîne destinée à la jeunesse, Gulli, entièrement dépendante des recettes publicitaires, a été lancée sur la télévision numérique terrestre. Mais les enfants sont également exposés à la plupart des spots puisque leur audience se porte à près de 80 % sur des émissions qui ne leur sont pas destinées. Ce qui n'empêche pas un marketing très offensif de cibler tout particulièrement le jeune public lors de la sortie en salles des films d'animation. Chaque dessin animé de Walt Disney s'accompagne de multiples produits dérivés que les enfants retrouvent dans les publicités mais aussi dans les restaurants McDonald's, où sont distribuées les figurines des héros. Walt Disney dispose ainsi d'un large éventail de moyens d'atteindre l'enfant : jeux vidéo, magazines, livres, parcs d'attractions, et bientôt téléphones portables, puisque Disney projette de devenir opérateur mobile à l'usage des « familles ». Monique Dagnaud a souligné les effets d'une publicité qui s'adresse directement à l'enfant : elle conduit à survaloriser son rôle en tant qu'agent économique autonome et, au nom de son pouvoir prescripteur sur les achats du foyer, balaie l'idée d'une hiérarchie des pouvoirs au sein de la famille. Pour cette raison, la Suède a interdit ce type d'approche. Dans les publicités diffusées en France, l'enfant est magnifié, célébré pour sa tonicité, son impertinence et son individualité. Selon la journaliste Nathalie Sapena, un « *déferlement de spots qui dénigrent l'adulte* » se produit précisément dans les émissions de jeunesse que les parents ne voient pas. De tels messages publicitaires, avertit Philippe Jeammet, pédopsychiatre de l'institut Montsouris, à Paris, « *ne font que renforcer l'individualisme, l'intolérance à la frustration au détriment du bien commun*[100] ».

## LES NOUVELLES TECHNOLOGIES AU SERVICE DE LA PUB

Les nouveaux médias aussi servent de terrain de jeu à des marques soucieuses de toucher les jeunes, moins spontanément « publiphiles » qu'auparavant. En effet, les 15-35 ans privilégieraient les supports multimédias (téléphone portable, ordinateur, console de jeux vidéo), au détriment du téléviseur. Des annonceurs comme Axe ou Renault ont flairé le filon en s'associant à la création de jeux vidéo. Sur le site mojomastergame.com, Axe a par exemple mis en ligne un jeu qui «*permet à ses adeptes de séduire pas moins de cent femmes de caractère* [sic] *en renforçant son pouvoir de séduction grâce à des déodorants, gels douche et autres produits, estampillés Axe bien sûr*[101] ». Pour le lancement de sa nouvelle Clio, en septembre 2005, Renault a misé sur un circuit automobile accessible sur Internet. Avec l'aide de son agence, Publicis, le constructeur s'est d'abord infiltré dans les forums d'internautes pour annoncer l'arrivée d'un jeu sous la bannière «Clix Race to Resurrection» sans citer le moindre nom de marque. En fait, le circuit était baptisé «Clio Xtrem Racer» et déclinait l'univers visuel du film publicitaire de la nouvelle Clio.

Désormais, même l'armée américaine communique par jeu vidéo. Pour améliorer son recrutement, mis à mal par la guerre en Irak, l'US Army s'est associée en décembre 2005 à Ubisoft pour créer son premier jeu officiel pour console: «America's Army: Rise of Soldier». Ce divertissement chargé de «*transmettre les valeurs de l'armée*» se distingue par son grand réalisme: «*Chaque arme est aussi rigoureusement conforme à la réalité que possible*», note la journaliste Laetitia Mailhes[102]. Ce type de stratagème se révèle beaucoup plus efficace qu'une coûteuse campagne de publicité à la télévision.

Demain, grâce à la magie du téléphone portable, il sera possible de «géo-marketer» des abonnés afin de leur envoyer un message promotionnel électronique sous forme de SMS (texto) ou de MMS (avec des images) en fonction de leur profil, de leurs centres d'intérêt supposés et de leur proximité avec des lieux de commerce. Avec le concours d'une agence de marketing, le studio Dreamworks a étrenné le procédé à l'occasion de la sortie de son film *The Ring 2*: 100000 SMS ont été envoyés à de jeunes citadins de 15-25 ans pour leur annoncer la sortie d'un film projeté le soir même dans leur quartier. Orange a également fait la promotion par SMS des films *Star Wars* auprès de ses clients après un contrat d'exclusivité consenti par la société de production Lucas Films. De son côté, SFR a procédé pour le compte du Printemps à l'envoi de SMS aux clients du magasin. Interrogé par la télévision en ligne de l'opérateur mobile, le président de Publicis, Maurice Lévy, n'a pas hésité à parler de «*1789 de la publicité*» à propos de cette révolution que représente pour les annonceurs l'usage du téléphone mobile. À l'assaut des Bastille du conformisme, la direction de TF1 fait de ses programmes des outils d'animation commerciale dans les supermarchés: tout consommateur aura bientôt la possibilité de télécharger sur son téléphone mobile des mini-vidéos de «Star Academy», «Lost» ou «Sous le soleil» sur les paquets de lessive ou dans les rayons produits frais. «*Deux minutes de la série Lost contre deux pots de yaourt, une affaire!*», s'amuse *L'Expansion* en mars 2006.

La fragmentation des audiences liée aux sites Internet, à la téléphonie mobile, à la multiplication des blogs et à la consommation de vidéos en ligne inspire aux prophètes pour magazines l'intuition d'une fin prochaine de l'ère des grands médias[103]. La publicité s'en trouverait-elle pour autant contrariée? Bien au contraire, elle se transforme et s'affine. En 2005, de nombreux internautes ont par exemple reçu un mail leur annonçant la construction d'un tunnel sous l'Atlantique. Il s'agissait en fait d'une campagne de *buzzmarketing* réalisée par l'agence DDB pour le site voyagessncf.com. Après les journaux «gratuits» financés par la publicité, la musique «gratuite» se développe suivant le même principe. Devant l'essor du téléchargement musical pirate, de grandes firmes de l'industrie du disque comme EMI ou Universal ont annoncé en septembre 2006 qu'elles mettaient gratuitement leurs titres à disposition des internautes américains à condition que ces derniers acceptent de recevoir de la publicité.

Sur Internet, la saisie de mots clés sur les moteurs de recherche ouvre la possibilité de liens inédits. Il suffit de saisir « sécurité », « immigration », « injustice » ou même « parti socialiste » sur Google pour découvrir un lien sponsorisé vers le site de l'UMP. Le moteur de recherche américain, qui draine 50 % des requêtes dans le monde, a fait sa fortune avec les « liens contextuels », qui permettent à une marque de toucher un client dans son univers de consommation ou ses centres d'intérêt. Le service « AdSense » de Google ne propose-t-il pas à des milliers d'annonceurs de diffuser sur des sites partenaires des messages en rapport direct avec le contenu des pages des éditeurs en ligne ? En touchant leurs cibles « en contexte » en fonction de la consultation par les internautes de rubriques thématiques sur les portails Internet, en ne rémunérant Google ou Yahoo! qu'au nombre de clics orientés sur leurs propres sites, les annonceurs se sont assurés d'une « traçabilité » de leurs investissements publicitaires. Certes, à la différence des bannières intempestives et des messages non désirés (spams) qui polluent les boîtes aux lettres électroniques, les moteurs de recherche se prévalent d'afficher une publicité « non intrusive ». Ils profitent même de l'écœurement du consommateur face à l'omniprésence sur Internet des messages publicitaires imposés. Mais une telle architecture de liens commerciaux est-elle pour autant moins trompeuse ? Pour accéder plus massivement encore à la publicité, Google a signé en décembre 2005 un accord qui l'engage à rendre plus facilement accessibles les contenus d'AOL à partir de son moteur, quitte à battre en brèche son principe de neutralité[104]. Voulant à tout prix s'implanter en Chine – deuxième marché d'internautes au monde –, Yahoo! et Google ont accepté d'y développer une version censurée de leurs services: les deux poids lourds de la Toile filtrent les résultats de mots clés comme « Tian'anmen », « dalaï-lama », etc., conformément aux exigences des autorités. La dépendance des internautes à ces annuaires atteint un degré tel que les citoyens ne sont pas à l'abri d'un *Big Brother* dans l'accès aux contenus sur Internet.

Outre sa vocation originelle de « Bottin » d'Internet, Google fournit des services tels que la messagerie instantanée, l'accès aux blogs ou la téléphonie par Internet (qui permet déjà, d'un seul clic, d'entrer en relation directe avec la voix d'un annonceur). Quelle traçabilité du consommateur en résulte-t-il? Via Gmail, le service de messagerie de Google, un logiciel scanne les courriels, identifie les centres d'intérêt des utilisateurs et leur adresse ensuite des annonces ciblées. « *Les outils de recherche pourront bientôt passer au peigne fin non seulement des documents au format Microsoft Office ou PDF, mais aussi des messages instantanés, des courriels, de la musique et des images*, écrit Charles Ferguson dans la *Technology Review*. *Avec le développement de la reconnaissance vocale et du haut-débit, il sera également possible d'indexer et d'analyser des conversations téléphoniques*[105]. » Comme toutes les nouvelles technologies fondées sur le principe de la gratuité, les moteurs de recherche n'assurent leur ascension qu'au prix d'un contrôle toujours plus étroit du consommateur. Dès l'an 2000, sur une idée de Jacques Attali, Publicis créait une filiale, Net Intelligenz, dont la mission consiste justement à « *surveiller, étudier et analyser tous les forums et conversations entre internautes pour le compte de ses clients*[106] ». Les entreprises prennent ainsi connaissance des commentaires qui circulent sur leurs produits, mais aussi de la concurrence et des tendances en cours afin de récupérer à leur guise les mots et les expressions clés. Six ans plus tard, le PDG de Publicis n'en est déjà plus au stade du laboratoire lorsqu'il annonce la migration de son groupe vers les nouvelles technologies: « *Nous souhaitons amener nos grands clients, annonceurs comme médias, à préempter le futur, à négocier les tournants du numérique, de la mobilité et de l'interactivité*[107]. » En décembre 2006, le rachat du groupe américain Digitas, leader de la communication numérique et interactive, permet à Publicis de renforcer son savoir-faire en matière de profilage de ses clients. L'heure de la nouvelle bataille du « tracking », autrement dit le pistage électronique des données personnelles, a sonné. Gageons qu'elle saura rendre la publicité encore plus ciblée et moins intrusive; non seulement acceptée, mais intime, voulue et incontestable. Bien que diffuse, l'adhésion au système publicitaire n'en serait que plus totale.

# 6

# La récupération, arme publicitaire

Omniprésente, multiforme, régénérée dans son discours par les nouveaux médias, la publicité a fini par susciter des réactions d'hostilité. À la fin 2003, un mouvement spectaculaire se fait connaître sous le nom d'« Antipubs » en taguant les affiches publicitaires du métro parisien. Il provoque aussitôt une contre-attaque judiciaire de la RATP et d'une filiale de Publicis, Métrobus, qui assignent en justice une soixantaine d'entre eux pour leur réclamer collectivement 1 million d'euros. Qu'ont donc de si dangereux ces détracteurs de la société de consommation pour mériter pareilles poursuites ? Seraient-ce leurs actions dans les stations de métro ? En novembre 2003, elles ont mobilisé jusqu'à un millier de personnes dans toute la France. Bilan : 217 interpellations. Seraient-ce leurs fameux graffitis « *Puber tue* », « *Au lieu de dé-penser, pensez* » ou « *La pub nuit à votre santé* », qui ont endommagé le matériel d'affichage de la RATP et provoqué un manque à gagner pour sa régie publicitaire Métrobus ?

Si Publicis et l'entreprise publique décident de frapper un grand coup, c'est que le discours antipub, inspiré par la revue *Casseurs de pub*, fait alors tache d'huile en France. Des militants de l'association Résistance à l'agression publicitaire (RAP), des intermittents du spectacle, des étudiants ou de simples citoyens trouvent un écho médiatique par leurs actions de « *recouvrement publicitaire*», organisées du 17 octobre au 19 décembre 2003. Surtout, leurs propos commencent à être entendus. Ils ont pour inspirateurs François Brune (*Le Bonheur conforme, Les médias pensent comme moi…*), Paul Ariès (*Putain de ta marque*) ou Dominique Quessada (*La Société de consommation de soi*). Ils parlent d'une «*marchandisation de la culture et des esprits*», d'une «*privatisation de l'espace public*», et affirment que les intérêts commerciaux ne se répercutent que très faiblement sur le prix du ticket de métro. Ils dénoncent un système totalitaire qui veut qu'on «*se lève tous pour bidule*» et qu'on ne puisse échapper à des tunnels d'affiches matraquant un même message inepte sur des dizaines de mètres. Ils osent pointer du doigt la responsabilité de la publicité dans la dépolitisation des jeunes, dans la violence de la société, dans les 12500 suicides enregistrés chaque année en France, et dans le sentiment dépressif d'une jeunesse à laquelle on ne parle plus que par des slogans et des injonctions commerciales. Militant antipub, Vincent Cespedes parle de «*pub-tréfaction de notre environnement mental*». Et si de ce malaise jaillissait une révolte fondatrice? Les grands intérêts publicitaires vont tout faire pour l'en empêcher.

Le 28 avril 2004, la réplique judiciaire se traduit par un jugement relativement modéré: parmi les 62 assignés seuls 8 militants antipub – ceux qui ont reconnu les faits – sont condamnés à des amendes de 400 à 2000 euros par le tribunal de grande instance de Paris. Mais l'objectif essentiel est atteint: la condamnation interrompt la vague de «barbouillage» des panneaux dans le métro. Pour le lobby de la publicité, c'est une première victoire. Il reste toutefois à saper les bases mêmes du discours pour limiter sa portée idéologique. Parce qu'il incarne une forme de résistance active et non violente aux excès du capitalisme, le mouvement antipub recueille une adhésion croissante auprès des catégories socioprofessionnelles ciblées par les publicitaires : « *Ceux qui rejettent la publicité le font par rigorisme culturel. Ils sont hostiles à la télévision ; la consommation les ennuie. Ce sont aussi les plus sophistiqués, les plus aisés et les plus instruits*[108] », observe Vincent Leclabart, PDG de l'agence Australie. Un tel phénomène s'inscrit dans un mouvement plus vaste de défiance des consommateurs : « *Pour la première fois, les produits sans marque représentent 20 à 25 % du marché, et on n'est qu'au tout début du cycle. Quelque part, une partie croissante de la population comprend moins bien la valeur des marques* », estime Christian Liabastre, PDG de Young & Rubicam[109].

« *Le monde change, c'est son habitude*, remarque audacieusement Jacques Séguéla. *Le fait nouveau est qu'il change contre nous. Les évolutions sociologiques, d'ordinaire nos alliées, sont désormais nos pires ennemies. Et, curieusement, pas une tribune, pas une table ronde de la profession ni des médias qu'elle fait vivre ne réfléchit à une contre-attaque organisée*[110]. » Patience, Jacques Séguéla, la contre-attaque s'organise ! Pour contrer le discours des antipub, l'agence Australie a par exemple conçu une grande idée : détourner les détourneurs ! À la fin de l'année 2003, les hypermarchés Leclerc sortent une campagne d'affichage montrant des prix barrés à coups de marqueur alors qu'un slogan, en apparence inscrit à la bombe, dénonce les sacrifices imposés aux consommateurs : « *Chez Leclerc, 50 % de pouvoir d'achat en plus* ». Peu après, l'agence Hémisphère Droit réalise pour le site de voyages lastminute.com une série d'affiches dans la même veine. À côté d'une promotion pour l'île de Pâques, un gribouillage au feutre noir : « *M'en fous, j'suis pas croyant* ». Sous une offre de vol « *Paris-New York à 274 euros* », un faux graffiti clamant « *Ça, c'est du vol* ». L'agence va même jusqu'à reprendre des slogans chers aux antipub pour mieux les tourner en dérision : « *La République n'est pas à vendre* » accompagne une offre touristique en République dominicaine, tandis qu'un simili-graffiti « *100 % d'intermittents* » attire l'attention sur une promotion pour des spectacles à Paris. En mai 2006, une affiche de rueducommerce.com fait également figurer l'inscription « *À poil les prix* » au marqueur noir sur sa publicité. Le but de la manœuvre est bien sûr de renvoyer dos à dos les irréductibles antipub et les publicitaires eux-mêmes. Par la voix de Catherine Becker, directrice générale de Sorgem International, la revue *Médias* confirme : « *La publicité puise dans le discours des antipub une nouvelle légitimité. Le détournement, la déconstruction sont une autre façon de célébrer la publicité. Les antipub entretiennent le bruit médiatique autour de la publicité. Ils servent les intérêts des publicitaires*[111]. » Leclerc pousse donc sa rhétorique de la récupération jusqu'à la référence mythique de Mai 1968. Début 2005, il tapisse la France entière de slogans pseudorévolutionnaires associés à des dessins dérivés de « l'atelier populaire » des Beaux-Arts. On y lit : « *La hausse des prix oppresse votre pouvoir d'achat* », avec le fameux CRS au bouclier frappé d'un code-barres ; « *Il est interdit d'interdire de vendre moins cher* », avec des manifestants en ombres chinoises ; ou encore « *Aujourd'hui, la lutte c'est le pouvoir d'achat* ». Pour Vincent Leclabart, maître d'œuvre de cette campagne, « *l'univers de référence de 1968 s'est imposé pour que la forme signifie le fond. Cela a un côté direct, sans nuance ni second degré*[112] ».

Michel-Édouard Leclerc sait qu'il ne prend aucun risque, ses affiches lui coûteront tout au plus quelques remontrances de Jean-Pierre Raffarin, alors Premier ministre : nombre de patrons de médias, d'instituts de sondage et d'agences de publicité sont eux-mêmes d'anciens soixante-huitards. Sur le fond, le distributeur a découvert le moyen de se prévaloir d'une cause commune avec les contestataires de 1968, version Billancourt, qui forment sa clientèle: « *Les ouvriers défendaient leur pouvoir d'achat et le droit d'acquérir les biens que, dans la division du travail, les salariés avaient contribué à fabriquer* », affirme-t-il le 2 mars 2005 sur son « blog ». Et le patron millionnaire de reprendre à son compte l'antagonisme entre le monde prolétaire et la bourgeoisie étudiante au nom d'une solidarité de classe! Cette dernière justifie d'ailleurs que sa campagne fasse fi du droit moral des auteurs des affiches de 1968: des artistes qui, faut-il le rappeler, dénonçaient la société de consommation et l'aliénation par la marchandise.

**LE BVP, BUREAU DE VALIDATION DE LA PUBLICITÉ**

De toutes les entreprises de récupération publicitaire, celle du Bureau de vérification de la publicité est sans conteste la plus aboutie. Chaque mois, cet organisme d'autorégulation reçoit une centaine de lettres de protestation de consommateurs s'estimant heurtés par une annonce publicitaire. L'innocent plaignant ignore le plus souvent que le BVP n'a rien de commun avec une autorité administrative indépendante et qu'il s'acquitte toujours de sa mission en ménageant l'intérêt de ses mandants que sont les annonceurs, les agences de publicité et les régies publicitaires. Depuis 1991, son pouvoir est d'autant plus grand que le Conseil supérieur de l'audiovisuel lui a délégué le contrôle de tout ce qui relève des écrans publicitaires. À l'exception de la télévision, où il est tenu de donner un avis préalable à la diffusion des publicités, l'organisme se contente de s'autosaisir des cas litigieux.

Toute la subtilité consiste alors à faire croire qu'il est à l'écoute des griefs des consommateurs, alors que son rôle principal, au nom de la sacro-sainte autodiscipline des marques, revient surtout à empêcher que le législateur ne se mêle de publicité.

Face aux multiples agressions dont le citoyen s'estime victime, le BVP brandit des chartes ou des recommandations qui permettent aux annonceurs et à leurs agences de s'affranchir de toute remise en cause profonde. En 2001, l'organisme s'est ainsi fendu d'une « *Recommandation Image de la Personne Humaine* » qui se targue de tenir compte des « *nouvelles préoccupations du corps social, à savoir violence, soumission, dépendance et stéréotypes de la publicité* » ; en novembre 2003, il signait avec Nicole Ameline, ministre de la Parité et de l'Égalité professionnelle, une déclaration commune sur le respect de la personne. Dans les deux cas, il s'agissait de dissuader le gouvernement de légiférer et de faire reconnaître, au passage, le bien-fondé de l'autorégulation. La recommandation fit la démonstration tautologique de son efficacité : en 2004, selon le BVP, seuls 19 cas sur 60 000 visuels étudiés durant l'ensemble de l'année étaient susceptibles de présenter des manquements à la déontologie, soit 0,03 % de la production publicitaire. Le 11 février 2005, un commando antipub fit donc savoir à l'organisme qu'il n'était pas dupe en envahissant ses locaux. Joseph Besnaïnou, directeur général du BVP, répliqua dans une tribune libre de CB News : « *Le BVP occupé par des antipubs, on croit rêver ! Sauf à considérer qu'il s'agit là d'une forme de reconnaissance de notre rôle et de notre place dans le process publicitaire, on doit reconnaître à cette action une totale erreur sur la cible visée et une inefficacité qui frise le risible. Nous n'existons, depuis soixante-dix ans tout de même, que pour permettre à la publicité de respecter un certain nombre de règles qu'elle se donne volontairement* (sic)[113]. » L'autorégulation a-t-elle encore de beaux jours devant elle ? Le même Besnaïnou reconnaît une tendance à la radicalisation des courriers de protestation qui en dit long sur l'efficience de son « institution » : « *Avant, les lettres de plainte qui nous parvenaient concernaient une campagne précise. Maintenant, le message est plutôt "La pub nous emmerde", même si ces critiques restent très marginales*[114]. »

« *Nous sommes dans un système marchand, une société de récupération et de nostalgie. La mise en scène de la contestation est très appréciée pour son côté ludique* », se félicite Gilles Masson[115], président de l'agence Leo Burnett, qui a emprunté au sigle de l'anarchie une identité visuelle pour Fiat. En 1999, le couturier Jean-Paul Gaultier récupérait l'image d'Ernesto « Che » Guevara pour vendre des lunettes de soleil. Sept ans plus tard, un Salon de la publicité et du graphisme, organisé à Paris sous l'enseigne d'Adobe, s'affiche sous l'étoile rouge et le slogan « *Viva la revolución !* ». Les Centres Leclerc, qui récupèrent eux aussi l'idée de révolution, investissent en outre le marché du développement durable et de la défense de l'environnement en distribuant des sacs en plastique recyclable. Faut-il s'en étonner ? Comme l'admet le « publiphile » Nicolas Riou, enseignant à HEC, « *on sent se développer un malaise dans la société de consommation qui témoigne du rejet du consommer plus au profit du consommer mieux*[116] ». Carrefour ne tente-t-il pas de faire oublier la pression qu'il exerce sur les petits producteurs en se faisant le chantre du « *mieux consommer* » et du « *commerce équitable* » ? La publicité est par nature une industrie de la récupération culturelle (le trait de Saint-Exupéry dans *Le Petit Prince* sert désormais à vendre la caisse de prévoyance Reunica, tandis que *Blake et Mortimer*, héros d'Edgar P. Jacobs, sont au service de BNP Paribas). Le rôle du « créatif », agent d'humanisation de l'idéologie marchande, consiste précisément à digérer l'opposition qui se fait jour pour mieux épouser « l'air du temps » ? Mais, par son pouvoir exorbitant lié à l'utilisation de médias de masse, la publicité pervertit dans l'œuf toute contestation qui limite son arsenal aux seules armes du spectacle.

## DE LA MALBOUFFE À LA SANTÉ

Le traitement publicitaire réservé au thème de la malbouffe et de l'obésité témoigne aussi de la volonté de désamorcer les critiques. Quand José Bové et des militants de la Confédération paysanne démontent un restaurant McDonald's à Millau en 1999, la multinationale américaine réplique sur le terrain judiciaire. Mais elle n'attend pas la condamnation du syndicaliste paysan pour remettre à plat sa politique de communication. La marque s'empresse de donner des gages de bonne volonté culturelle dans ses publicités, tournant par exemple en dérision la figure du Yankee et enracinant ses produits dans le terroir provençal. McDonald's oriente ensuite son marketing sur le thème de la lutte contre l'obésité. En 2006, un étiquetage d'information nutritionnelle, sous forme de pictogrammes, figure sur l'emballage des produits. Peu importe que lesdits pictogrammes ressemblent parfois à des rébus et qu'on y parle de sodium et de lipides plutôt que de sels et de graisses. « *À l'heure où les taux d'obésité et de surpoids en France atteignent des niveaux préoccupants, l'éducation nutritionnelle et l'incitation à l'activité physique constituent des mesures essentielles pour lutter contre ce fléau. McDonald's est résolument engagé dans ce combat* », affirme la chaîne de restauration rapide dans un communiqué le 8 août 2005. Pour preuve, la firme exhibe son nouveau « menu salade », lance un club de gym et parraine un programme court de TF1 intitulé « C'est quoi ton sport ? ». Il s'agit de désamorcer les critiques sur la malbouffe et les effets dévastateurs du film *Super Size Me*, de Morgan Spurlock, qui montre l'incidence d'un régime quotidien de McDo sur l'activité cardiaque, le taux de cholestérol, et même les migraines, du consommateur. Si 16 % des enfants en âge scolaire sont victimes de surpoids en France, McDonald's n'a cependant pas renoncé à cette cible, pour laquelle il a créé des espaces dédiés, des menus ad hoc et quantité de gadgets attractifs.

La lutte contre l'obésité dispose d'un autre gladiateur : Coca-Cola. Lequel n'oublie pas les enfants. En novembre 2005, le fabricant de sodas fait paraître dans la presse française un avis intitulé « *Agir face à l'obésité, Coca-Cola s'engage* », dans lequel il assure offrir aux consommateurs « *plus de choix et moins de calories* ». Il propose là encore une information nutritionnelle, encourage tout autant l'activité physique, mais innove avec l'idée d'un « marketing responsable » : Coca-Cola promet ainsi de ne pas diffuser de publicités dans des programmes destinés aux moins de 12 ans, de ne pas faire appel à des enfants dans ses spots publicitaires et de ne pas leur distribuer de produits gratuits. Certes, la douleur d'un tel effort est apaisée par l'omniprésence de la marque – qui s'impose aux enfants (à la télévision, sur les murs ou dans les supermarchés) sans qu'il soit nécessaire de les démarcher. Lorsqu'un jeune de moins de 12 ans se rend dans un « restaurant » McDonalds, c'est encore bien souvent la boisson noire à bulles qui lui est proposée.

La mobilisation de grandes marques sur le thème de l'obésité ne doit rien au hasard. À l'été 2004, alors que le

Parlement européen débat sur de nouvelles règles de communication alimentaire, une loi sur la santé publique est votée en France. Dans sa mouture initiale, elle propose que la promotion d'un produit sucré, chocolaté ou salé destiné aux enfants soit accompagnée d'un message sanitaire de prévention, soit à l'intérieur des spots des annonceurs, soit en dehors, mais dans des conditions identiques de diffusion. Après une forte action de lobbying menée auprès du ministre de la Santé, Philippe Douste-Blazy, l'industrie alimentaire gagne une première manche: elle obtient du gouvernement que les marques puissent s'affranchir de toute obligation légale sous réserve de verser à l'Institut national de prévention et d'éducation pour la santé une taxe représentant 1,5 % de leurs investissements publicitaires en télévision. Un droit de pollution alimentaire, en quelque sorte. Certes, le pire est évité: le texte prévoyait originellement une ponction de 5 % sur ces investissements. En outre, les agences de publicité se mobilisent pour que la mention sanitaire soit le plus discrète possible. « *Les bandeaux d'information pollueront les messages des marques sans permettre un message sanitaire clair* », va jusqu'à affirmer Hervé Brossard, président de l'Association des agences-conseils en communication[117].

Depuis que l'Agence française de sécurité sanitaire des aliments a mis en évidence la corrélation entre l'inflation du nombre de messages publicitaires dans les émissions pour enfants et la part grandissante de l'obésité infantile, les fabricants de sodas, barres chocolatées et autres sucreries savent que le terrain est miné. Il leur faut montrer des signes de bonne volonté, tant vis-à-vis du législateur et des autorités de santé européennes que face à des consommateurs susceptibles d'intenter des procès. Aux États-Unis, des associations comme Campaign for a

Commercial-Free Chilhood, n'ont-elles pas entamé des actions en justice contre le fabricant de céréales Kellog's? Le groupe Viacom, propriétaire de la chaîne Nickelodeon, fait également l'objet de poursuites : 88 % des publicités diffusées sur cette chaîne pour enfants soutenaient des produits alimentaires de mauvaise qualité nutritionnelle[118].

Il est vrai que l'obésité est devenue, outre-Atlantique, un véritable fléau national. Elle touche 30 % des adultes et constituerait, avec quelque 400 000 morts par an, la seconde cause de mortalité évitable derrière le tabac. Source de maladies cardio-vasculaires, d'hypertension ou de diabète, l'obésité épargne encore relativement la France, qui compte 12,4 % de victimes[119]. Mais le phénomène s'étend et atteint prioritairement les plus fragiles, qui sont souvent inactifs et grands consommateurs de télévision. La déstructuration des repas, liée à l'influence du grignotage de produits coupe-faim, menace en premier lieu les nouvelles générations élevées devant leur petit écran. Aux États-Unis, on estime qu'un enfant voit chaque année jusqu'à 10 000 publicités cherchant à faire acheter une boisson ou un aliment. En France, une étude menée par l'UFC-Que choisir en 2006 a montré la responsabilité de la publicité dans des pratiques alimentaires privilégiant des produits trop sucrés ou trop gras. Selon l'association, 89 % des publicités pour enfants sont dénuées d'intérêt nutritionnel, et seulement 11 % des spots diffusés représentent l'action de manger dans le cadre d'un repas[120].

Peu de temps après le lancement de la chaîne Nickelodeon en France, à la fin 2005, les grandes marques de soda (Coca-Cola, Pepsi, Schweppes) élaboraient un Code de bonne conduite européen qui proscrit la publicité pour les moins de 12 ans, interdit d'« *inciter les jeunes enfants à tenter de persuader leurs parents de leur acheter leur boisson* » et exige une plus grande lisibilité des informations nutritionnelles. Selon le responsable des affaires publiques d'un fabricant, il s'agit une fois encore d'éviter toute directive contraignante en apportant à la Commission européenne la preuve que le secteur peut se prendre lui-même en charge : « *L'objectif est de regrouper les actions de chacun des fabricants de soft-drinks en un projet commun afin de favoriser l'autorégulation, plutôt que de subir les contraintes que nous imposerait le législatif*[121]. »

Pour faire oublier leur responsabilité dans une alimentation excessive, les géants de l'agroalimentaire se présentent comme des partenaires de santé. En novembre 2005, le fabricant d'huile, de margarine et de produits laitiers Unilever concluait avec la Maaf un accord qui permet aux adhérents de cet assureur de se faire rembourser jusqu'à 40 euros sur le montant de la cotisation pour l'achat de 21 produits de sa gamme Proactiv. Prétexte avancé : ces aliments auraient des vertus anticholestérol. Malgré les protestations de l'association UFC-Que choisir contre « *une instrumentalisation scandaleuse de la santé*[122] », Unilever cultive l'image d'un fabricant « *nutritionnellement responsable* ». Danone l'imite. L'industriel français, qui a développé une gamme de yaourts santé en parallèle de sa branche biscuits, mise sur un partenariat avec les AGF pour se forger une réputation de champion de la prévention. « *Tout ce qui fait prendre conscience au consommateur que son comportement va agir sur sa santé et donc sur ses dépenses de soins est bon et pour lui et pour nous* », plaide Gilles Johanet, patron de la branche santé et assurances collectives des AGF[123].

Danone ou Unilever et la santé, McDonald's ou Coca et la lutte contre l'obésité, Leclerc et la défense du pouvoir d'achat dans le respect de l'écologie, Carrefour et le commerce équitable, EDF ou Suez et le développement durable, Veolia et le « *défi industriel de l'environnement* », Areva qui promet « *un avenir sans CO2* » avec de l'énergie nucléaire, Honda qui revendique « *le respect de l'environnement* » avec des véhicules 4 × 4 producteurs de gaz à effet de serre, Total qui fait étalage d'une « *énergie inépuisable* » avec des éoliennes pour faire oublier le pétrole et ses marées noires... Le chic publicitaire consiste à revendiquer la sauvegarde de ce que l'on contribue à détruire. Même le plus gros vendeur de cigarettes du monde, Philip Morris, est à l'origine de spots antitabac sur MTV destinés à amadouer les jeunes tout en rassurant les parents. Selon la journaliste Nathalie Sapena, l'objectif est de dénigrer le non-fumeur de façon quasi imperceptible avec des slogans qui le déconsidèrent : « *Exagère un peu. Ne fume pas* », « *Ose. Choque. Ne fume pas*[124] ». Outre-Atlantique, les afficheurs Decaux et Clear Channel tentent de faire oublier leur concours actif à la pollution visuelle de l'environnement, régulièrement dénoncée par l'association Paysages de France, en mettant à la disposition des municipalités d'écologiques services de prêt de bicyclettes.

Les grandes marques ont fait de la récupération des grands courants de société une arme de destruction massive des griefs qui pourraient leur être opposés. Elles se contentent bien souvent d'appliquer un principe simple de la communication de crise : une tendance hostile cesse d'exister à partir du moment où elle est récupérée. Il faut donc brouiller les repères du consommateur en associant l'image des marques aux éléments susceptibles, précisément, de les fragiliser. « *Le paradoxe, et la grande illusion,* écrit François Brune, *c'est que le système publicitaire "intègre", sous forme de signes associés aux produits, les valeurs éthiques et politiques qui sont précisément contraires : liberté, amour, intelligence, spiritualité, grandeur, héroïsme, santé morale, nature idyllique, égalité/fraternité, beauté, vérité, citoyenneté, engagement politique et même révolutionnaire, etc. Mais tout cela à condition d'acheter : hors de la consommation point de salut*[125]. »

Certes, la posture ne fait pas toujours illusion. Mais, martelée à longueur de temps sur les multiples supports de communication, elle finit par s'imposer dans les esprits, et par marginaliser toute contestation radicale des abus de la consommation. Faut-il en conclure que toute critique de la publicité est forcément vouée à l'échec ? Ce serait ignorer les victoires juridiques déjà obtenues par l'association Paysages de France contre les panneaux illégaux, l'écho que rencontrent les formes militantes de contestation de la consommation que sont les Brigades antipub, la revue *Casseurs de pub* ou le mouvement Résistance à l'agression publicitaire (RAP), avec ses campagnes de déversement de prospectus. Sous la pression des militants de l'environnement urbain, des grandes villes comme Paris ou Marseille commencent à se préoccuper de réduire le nombre de panneaux installés dans leurs rues. Pourtant, le mouvement antipub ne saurait se réduire à sa simple dénomination, sauf à risquer de connaître le sort des partis écologistes, cantonnés à la seule défense de l'environnement. Sans armature politique, il devient aisément récupérable et assimilable par le système publicitaire lui-même, comme en témoigne l'offre de la RATP, en mars 2004, de mettre à la disposition des antipub 47 panneaux publicitaires. Ou cet éditorial de *Libération* qui saluait, à la même époque, les vertus du « free style » antipublicitaire : « *Puisque trop de pub tue la pub, la contestation ne peut pas faire de mal. Surtout si elle aide à renouveler le genre*[126]. » La critique de la publicité ne trouve donc sa pertinence qu'en s'appuyant sur celle de la consommation et des médias dominants et, plus largement, sur celle d'un libéralisme dont l'iconolâtrie sert de cache-misère à la paupérisation croissante de la société française.

« L'antipub » n'est au fond qu'un mythe fabriqué par des médias soucieux d'étiqueter d'un label réducteur une tendance de fond qui leur échappe. Il appartient aux activistes susceptibles de s'y reconnaître de se positionner avant tout en partisans d'une société alternative et de faire valoir une approche critique globale (qui va de Marcuse à Naomi Klein en passant par Galbraith, Baudrillard et Brune). Il est en effet impossible d'appréhender la publicité sans se référer à un discours de masse entièrement tourné vers la justification de la société capitaliste actuelle. Impossible de constater l'entreprise de promotion des marques sans son corollaire économique planétaire : délocalisations, pollution, sous-traitance, exploitation des hommes et des ressources du tiers-monde. Impossible enfin de penser le consommateur sans analyser la production industrielle des « désirs » privés. La vague antipublicité ne saurait gagner les consciences sans s'inscrire dans un discours critique plus global. Un peu comme la critique des médias est devenue indissociable du mouvement altermondialiste et de la dénonciation des mécanismes de domination sociale.

# CONCLUSION

Dans son livre *Le Bonheur conforme*, François Brune analysait la publicité comme « *l'arme culturelle d'une domination économique et l'arme économique d'une domination culturelle*[127] ». C'était au début des années 1980. L'auteur montrait à quel point cet opium suave alors en pleine expansion contribuait à transformer une société divisée, militante et politisée, qui venait de porter François Mitterrand au pouvoir, en société de la jouissance matérielle où se dissolvent les conflits de classes. Par les images qu'elle véhicule, les stéréotypes qu'elle génère, les mythologies contemporaines qu'elle fabrique, la « culture pub » s'est imposée comme une armature idéologique de la société de consommation. Simultanément, elle se présentait comme l'auxiliaire de la démocratie – en apportant son concours aux hommes politiques –, mais aussi comme un art, le talent de ses « créatifs » servant de creuset à des réalisateurs de clips ou de films pour le cinéma. Lesquels, de Patrice Leconte à Spike Lee, contribuèrent à légitimer un système économique qui organise les rapports sociaux en fonction des aspirations consuméristes.

La publicité conquit ainsi le statut de nouvelle culture. « *À tel point*, écrit Serge July dès 1982, *qu'on ne sait plus très bien où commence la culture et où finit la publicité*[128]. » Selon l'ancien patron de presse, « *c'est la publicité qui se normalise définitivement en entrant dans* Libération », et non pas le quotidien qui entre alors dans la norme en acceptant les contraintes du marché. Ce journal croyait-il sincèrement échapper à une prise de contrôle partielle de sa ligne éditoriale en acceptant d'ouvrir ses pages aux annonceurs ? Sa conversion au culte publicitaire bouleversa la conception du lecteur : il n'est plus défini par sa révolte, mais comme un « *jeune, actif, qualifié, instruit, citadin, aisé dans un foyer aisé qui, lorsqu'il s'équipe, achète ou utilise, privilégie ses loisirs*[129] ». Satisfaire les goûts d'un tel client, profilé selon les besoins des annonceurs, imposait de renoncer à la transformation sociale. La crise que traverse le journal depuis l'entrée de son actionnaire Rothschild en 2005, montre les dangers de ce processus : en attirant à lui les annonceurs, *Libération* s'intégrait au marché concurrentiel de la presse quotidienne qui impose aux journaux une forme de banalisation éditoriale. Il s'éloignait de ses lecteurs historiques tout en subissant les aléas de l'investissement publicitaire. Or, ce dernier se reporte de plus en plus vers les quotidiens gratuits. Lesquels, soucieux de séduire leur seul et unique client-annonceur, se montrent encore plus « vertueux » en matière de conception dépolitisée de l'information.

Pareille mutation illustre la domination culturelle qu'exerce la publicité en apportant son soutien équivoque à des journaux qu'elle place ensuite sous sa férule économique. Ces vingt-cinq dernières années ont donc vu la reconstruction des projets éditoriaux des médias à l'aune de la nouvelle demande des publicitaires. Tout a été mis en œuvre pour rappeler l'impérieuse injonction : Consommez votre mariage avec les marques ! Mais que reste-t-il de cette endogamie orchestrée par des « fils de pub » ? La destruction d'un authentique désir individuel et collectif qui ne fut pas sans causer des ravages dans la vie de chacun : « *Cultiver la désirabilité des objets,* écrit François Brune, *c'est impliquer peu à peu qu'il n'y a de désir que d'objet et donc qu'il faut se faire objet pour être désiré*[130]. » Dans une société du spectacle qui vise le renouvellement du désir par le remplacement des objets, un ensemble de valeurs perd toute signification : celui de la fidélité à l'autre, aux idées, à soi-même. Dès lors, la mise en scène de la femme-objet par la publicité ne doit rien au hasard. Il fallait sexualiser l'ordre marchand, le rendre irrépressible, au nom de la satisfaction immédiate, de la frustration comblée, du viol légitime : « *Une société de consommation qui refuse de consommer,* dit Jacques Séguéla, *c'est une jolie femme qui refuse de faire l'amour*[131]. »

Le consumérisme et la marchandisation des corps semblent aujourd'hui acquis. La transformation des consciences, deuxième étape de l'aliénation publicitaire, demeure inachevée. Au cours des années 1990 et 2000, pourtant, le mythe de la tribalisation publicitaire a triomphé, servi par une segmentation marketing irréprochable. *Executive women*, ménagères, décideurs, bobos (bourgeois-bohèmes), momos (mobiles-moraux), gays, ethniques, métropolitains, etc., ces « cibles », relayées par les médias comme autant d'« identités », concouraient à ringardiser les notions d'ouvriers, d'enseignants, de fonctionnaires, d'artisans, de commerçants, de patrons, de chômeurs. Chacun n'est-il pas, au-delà de son inscription sociale, ce porteur de marques qui lui donnent un sens dans la société de consommation ?

Cette évolution socio-marketing s'inscrit dans une transformation plus globale de la production industrielle que Naomi Klein appelle, dans *No Logo*, « l'ère du *branding* ». Les marques les plus en phase avec la mondialisation capitaliste se concentrent sur leur « capital-marque » pour se débarrasser de toute responsabilité sociale. Nike a sous-traité la fabrication de ses articles dans des ateliers du Sud-Est asiatique *(sweatshops)* en fermant les yeux sur des conditions de vie néo-esclavagistes des femmes et le travail des enfants. Le président d'Alcatel, Serge Tchuruk, s'est pris à rêver d'une « entreprise sans usines ». Alan Lafley, le patron de Procter & Gamble, a conclu la fusion de son groupe avec Gillette, en janvier 2005, pour supprimer 6000 de ses 140000 emplois et réinvestir le gain ainsi réalisé dans la publicité, qui mobilise déjà 5,5 milliards de dollars, soit 11 % de ses revenus. Quant aux agences publicitaires, elles ont, comme l'écrit Naomi Klein, « *toutes finement abandonné l'idée de vendre le produit d'un autre, pour se considérer comme des usines de production de marques où s'élabore ce qui compte : l'idée, le style de vie, l'attitude*[132] ». Intéressés à cette entreprise d'acculturation par la publicité, les médias se prêtent avec entrain à ce processus d'édification idéologique par les marques. Au point d'apparaître comme les principaux relais des intérêts de leurs clients.

Le consommateur peut se croire au centre du système, alors que c'est surtout un système de valeurs qui façonne le consommateur. Il s'agit d'entretenir une culture commune de l'avidité pour ce bien immatériel que sont les marques. La tyrannie de la publicité implique donc l'adhésion à un état social mimétique, où il faut être autre pour être soi, où il n'est pas d'existence sans objets. Les premiers travaux des *neuromarketers* sont en cela révélateurs : l'image publicitaire, assure-t-on, s'imprime dans les cerveaux ! La publicité va se loger dans le cortex préfrontal médian qui, précisément, nous fait aimer ce qu'aiment les autres. L'arrivée des nouvelles technologies, et notamment d'Internet qui permet – grâce au clic – de suivre les comportements de l'internaute à la trace, témoigne d'une nouvelle ère où les « supports » ne pourront plus se contenter d'exister pour intéresser le marché publicitaire.

Il leur faudra prouver l'adéquation de leurs audiences et de leurs contenus avec la demande des entreprises. Si elle n'est pas contrecarrée, l'idéologie publicitaire achèvera alors de transformer le système médiatique en instrument politique de domination de classe et en outil économique de perpétuation de l'ordre marchand.

# annexes

## LES GÉANTS MONDIAUX DE LA PUBLICITÉ
(Chiffres en milliards d'euros)

| Rang | Groupe | Agences publicitaires | Agences RP |
|---|---|---|---|
| 1 | Omnicom (États-Unis) | BBDO, DDB, TWBA | Fleishman-Hilard, Porter Novelli, Ketch Mercury Public Affai |
| 2 | WPP (Royaume-Uni) | Ogilvy & Mather, J. Walter Thomson, Young & Rubicam, Grey | Hill & Knowlton, Burson Marsteller, Ogilvy Public Relatio |
| 3 | Interpublic (États-Unis) | FCB, Lowe, McCann | GolinHarris Weber Shandwick |
| 4 | Publicis (France) | Publicis, Saatchi, Leo Burnett, BBH, Agence Marcel | Publicis Consultant ChampsMédias, Piétri, Solange Strick |
| 5 | Dentsu (Japon) | Dentsu | |
| 6 | Havas (France) | Euro RSCG, BETC, Arnold, Devarieux-Villaret, Nouvel Eldorado, Colorado | Euro RSCG C & C |

SOURCES : Recma Report, Ad-Age 2005, Rapports annuels 2005. Suivent les groupes Grey (États-Unis), Hakuodo Dy (Japon), Asatsu DK (Grande-Bretagne) et Carlson (États-Unis).

| Agences médias (achat d'espace) | Chiffre d'affaires achat d'espace 2004 | Revenus 2004 | Revenus 2005 |
|---|---|---|---|
| ɔtimum Media Direction ƆMD), PHD Network, ᵥus Print Media Network, , Full circle entertainment | 20,821 | 7,756 | 8,345 |
| ɔupeM, Mediaedge: CIA, ᴹindshare, Mediacom, KR Media Maxus | 36,662 | 7,460 | 7,777 |
| Initiative, Universal McCann | 23,001 | 4,936 | 4,995 |
| Zenith Optimedia, édias & Régies Europe, Starcom Mediavest | 28,591 | 3,832 | 4,127 |
| | | 2,270 | 2,314 |
| ᴹedia Planning Group (MPG) | 7,253* | 1,491 | 1,461 |

* On peut ajouter le chiffre d'affaires d'Aegis Media (Carat, Vizeum), qui totalise 16,809 milliards d'euros dans l'achat d'espace. En décembre 2006, Aegis a pour actionnaire de référence (29 %) le groupe Bolloré, propriétaire d'Havas.

**LES 10 PREMIERS ANNONCEURS FRANÇAIS EN 2005**
(Chiffres en millions d'euros)

| Rang | Annonceur | Budget | Agence |
|---|---|---|---|
| 1 | Renault | 294,5 | Publicis |
| 2 | France Télécom | 249 | Publicis |
| 3 | Unilever | 234 | WPP |
| 4 | Leclerc | 233,6 | Australie (indépendant) |
| 5 | SFR | 217,5 | Publicis |
| 6 | Peugeot | 198,5 | Havas |
| 7 | Nestlé | 190,5 | WPP |
| 8 | Citroën | 177,8 | Havas |
| 9 | Carrefour | 173,5 | Havas |
| 10 | Procter & Gamble | 158 | Publicis/Grey |

Investissements bruts dans les médias. SOURCE : TNS Media Intelligence.

## LES DÉPENSES DE COMMUNICATION DES ANNONCEURS FRANÇAIS EN 2005

(Chiffres en millions d'euros)

| Média/ Support | Famille | Montant | Part de marché | Évolution 2005/2004 |
|---|---|---|---|---|
| **Total Presse** | | **4430** | **13,9 %** | **1,1 %** |
| | Quotidiens nationaux | 280 | 0,9 % | -4 % |
| | Quotidiens régionaux | 783 | 2,5 % | 1,1 % |
| | Presse magazine | 1 582 | 5 % | -1,2 % |
| | Presse hebdomadaire régionale | 82 | 5,4 % | 0,3 % |
| | Presse professionnelle | 498 | 1,6 % | -2,5 % |
| | Presse gratuite | 1 001 | 3,1 % | 8,5 % |
| | Collectivités locales | 204 | 0,6 % | 0,7 % |
| Télévision | | 4028 | 12,6 % | 1 % |
| Affichage | | 1411 | 4,4 % | -0,2 % |
| Radio | | 986 | 3,1 % | 1,5 % |
| Cinéma | | 120 | 0,4 % | 17 % |
| **Total Médias** | | **10974** | **34,5 %** | **1,1 %** |
| Annuaires (imprimés et Internet) | | 1 133 | 3,6 % | 5 % |
| Internet (achat d'espace et liens sponsorisés) | | 382 | 1,2 % | 53,4 % |
| Marketing direct (mailings, prospectus, éditions publicitaires, marketing téléphonique) | | 10 085 | 31,7 % | 0,4 % |
| Promotion | | 4 939 | 15,5 % | 2,4 % |
| Salons-foires | | 1 401 | 4,4 % | 2,5 % |
| Parrainage | | 828 | 2,6 % | 2,1 % |
| Mécénat | | 354 | 1,1 % | 1 % |
| Relations publiques | | 1748 | 5,5 % | 4,5 % |
| **Total hors médias** | | **20 870** | **65,5 %** | **2,3 %** |
| Total Marché | | 31 844 | 100 % | 1,9 % |

SOURCE : Union des annonceurs.

## NOTES

1. Cité par *Stratégies*, 24 février 2005.
2. *La Tribune*, 3 février 2006.
3. *Stratégies*, 25 juillet 2000.
4. Toutes les citations de Patrick Le Lay sont extraites de l'audition de Francis Bouygues par la CNCL, en avril 1987. Consultable sur le site de la Société civile des auteurs-réalisateurs et producteurs (larp.fr).
5. « Semaine de la publicité », Paris, du 24 au 27 novembre 2003. Voir aacc.fr.
6. *Télé 7 jours*, 9-15 décembre 2006, résultats sur 18 mesures par chaîne effectuées du 1er au 31 octobre 2006. Le Conseil supérieur de l'audiovisuel interdit toute variation de volume sonore moyen entre la publicité et le reste du programme.
7. *Stratégies*, 7 octobre 2004.
8. « Semaine de la publicité »..., aacc.fr.
9. Site Internet du CSA repris dans une dépêche AFP du 16 décembre 2004.
10. William Reymond, *Coca-Cola, l'enquête interdite*, Paris, Flammarion, 2006.
11. Richard S. Tedlow, *L'Audace et le Marché. L'invention du marketing aux États-Unis*, Paris, Odile Jacob, 1997.
12. Ignacio Ramonet, « Fabriques de désir », *Manières de voir*, 63, mai-juin 2002.
13. Voir Ignacio Ramonet, *id., ibid.*
14. Cité par Nathalie Sapena, *L'Enfant jackpot*, Paris, Flammarion, 2006, p. 57.
15. « There is a sucker born in every medial prefrontal cortex », *New York Times Magazine*, 26 octobre 2003.
16. « Vous avez dit neuromarketing », *Cerveau et Psycho*, n° 7, septembre-novembre 2004.
17. « Nightmare on Madison Avenue », *Fortune*, 14 juin 2004.
18. Voir Vance Packard, *La Persuasion clandestine*, Paris, Calmann-Lévy, 1994 (1957). Il montre que la corrélation entre pulsion d'achat et pulsion sexuelle est présente dès les années 1950 dans la publicité.
19. Cité par *Stratégies*, 11 novembre 2004.
20. *Télérama*, 9 septembre 2004.

21. *Le Figaro Magazine*, 20 novembre 2004. La fondation NRJ, groupe radiophonique entièrement dépendant de la publicité, consacre de son côté son aide à la recherche en neurosciences (*Capital*, septembre 2006, p. 83).
22. AFP, 16 novembre 2005.
23. *Le Monde*, 27 avril 2001.
24. Simone de Beauvoir, *Le Deuxième Sexe*, Paris, Gallimard, 1986, t. I, coll. « Folio Essais », p. 16 (Gallimard, 1946).
25. Cité par Jean-Pierre Teyssier, *Frapper sans heurter*, Paris, Armand Colin, 2004, p. 148.
26. *Id., ibid.*, p. 155.
27. Cité par www.acrimed.org/article1393.html#nb1
28. Véronique Richebois, « Directrice de création : le désert des tartares, *Les Échos*, 21 décembre 2005.
29. *Id., ibidem.*
30. *Le Monde*, 9 juin 2006.
31. *Le Monde, ibid.*
32. François Brune, *Le Bonheur conforme*, Paris, Gallimard, 1985, p. 213.
33. Florence Amalou, *Le Livre noir de la pub*, Paris, Stock, 2001.
34. Jacques Séguéla, *Tous Ego*, Paris, Jean-Claude Gawsewitch, 2005.
35. *Le Monde*, 16 juin 1998.
36. F. Amalou, *op. cit.*
37. *Stratégies*, 16 février 2006.
38. « Le fils de pub de Nicolas Sarkozy », *Le Monde*, 1er septembre 2006.
39. *Stratégies*, 10 juin 2004.
40. Voir Marie Bénilde, « M. Sarkozy couronné par les oligarques des médias », *Le Monde diplomatique*, septembre 2006.
41. *Chicago Tribune*, 20 mars 2003.
42. *The Jerusalem Post*, 4 août 2000.
43. *Marianne*, 6-12 août 2005.
44. *Radio Classique*, « Questions orales », 9 octobre 2004.
45. *Le Canard enchaîné*, 27 juillet 2005.
46. Bernard Stiegler, *De la misère symbolique*, t. I, « L'Époque hyperindustrielle », Paris, Galilée, 2004.
47. *20 Minutes*, 2 mai 2006.
48. François Jost, *L'Empire du loft*, Paris, La Dispute, 2002.
49. *L'Humanité*, 24 juin 2005.
50. *Le Monde radio-télévision*, 3-4 juillet 2005.

51. *20 Minutes*, 21 mars 2006.
52. *Le Monde*, 30 juin 2005.
53. *Le Canard enchaîné*, 22 avril 1992.
54. *Le Monde*, 2 octobre 2004.
55. *Marianne*, 12 février 2005.
56. *Le Figaro*, 5 octobre 2005.
57. *Marianne*, 12 février 2005.
58. John Stauber et Sheldon Rampton, *L'Industrie du mensonge, lobbying, communication, publicité et médias*, Marseille, Agone, 2004.
59. J. Stauber et S. Rampton, *id.*
60. Conseil supérieur de l'audiovisuel, *Rapport annuel 1997*, p. 100.
61. Voir « Lorsque EADS communique dans les JT de France 3 », Acrimed, 18 octobre 2006.
62. « Le temps des sac-à-pub », *PLPL*, n° 26, octobre 2005, p. 3-5.
63. J. Stauber et S. Rampton, *op. cit.*, p. 300.
64. *Le Monde*, 1er février 2005.
65. Daniel Junqua (*La Presse, le citoyen et l'argent*, Paris, Folio actuel, 1999, p. 201) attribue cette défiance au fait que la part des recettes publicitaires soit longtemps restée inférieure, en volume, au niveau qu'elle atteint très tôt dans les pays anglo-saxons. En 1909, les recettes publicitaires du *Petit Journal*, qui tire à 1 million d'exemplaires, atteignent par exemple 23,5 % du chiffre d'affaires du quotidien. En 1997, elles ne représentent encore que 30 % de celui du *Monde*, 23 % de celui de *Libération* et plus de 50 % au *Figaro*, alors qu'aux États-Unis les quotidiens et les journaux du dimanche tirent 80 % de leurs revenus de la publicité.
66. Ben H. Bagdikian, *The Media Monopoly*, Boston, Beacon Press, 1992, p. 129-130, cité par Nathalie Sonnac, « Médias et publicité ou les conséquences d'une interaction entre les deux marchés », in *Le Temps des médias*, Paris, printemps 2006, p. 57.
67. Jacques Kayser, *Mort d'une liberté*, Paris, Plon, 1955, p. 93, cité par *PLPL*, 26, octobre 2005.
68. *In* le documentaire de Stéphanie Malphettes et Bertrand Delais, *Pouvoir et Télévision*, Capa, 2005, diffusé mi-février 2006 sur France 5.
69. Olivier Toscer, *Argent public, fortunes privées*, Paris, Denoël, 2002.
70. Jean Gabszewicz, Didier Laussel et Nathalie Sonnac, « Press Advertising and the political differentiation of newpapers »,

*Journal of Public Economic Theory*, 4 (3), 2002, p. 249. Cité par N. Sonnac, *op. cit.*

71. Lire à ce sujet Serge Halimi, *Les Nouveaux Chiens de garde*, Paris, Raisons d'agir, 1997; nouvelle édition actualisée et augmentée, 2005.
72. *Le Temps des médias*, *op. cit.*
73. *TOC*, février 2005.
74. *TOC*, *ibid.*
75. « Magazines: retour vers le futur », présentation de Gérald de Roquemaurel, www.ojd.fr, 17 mai 2005.
76. *Le Monde*, 7 mars 2002.
77. Notamment 2,5 millions d'euros d'« engagements publicitaires » pris lors de la vente de *Courrier international* au *Monde*, selon Pierre Péan et Philippe Cohen, *La Face cachée du* Monde, Paris, Mille et Une Nuits, p. 433.
78. *Id.*, *ibid.*, p. 437.
79. *Advertising Age*, 24 mai 2005.
80. *Cosmopolitan*, octobre 2005.
81. www.nouvelobs.com, 7 octobre 2005.
82. *Télérama*, 22 février 2006.
83. AFP, 24 mai 2005.
84. *Stratégies*, 16 décembre 2004.
85. *Le Figaro*, 29 août 2005.
86. Julien Duval, *Critique de la raison journalistique*, Paris, Seuil, 2004, coll. « Liber ».
87. Florence Amalou, *Le Livre noir de la pub*, *op. cit.*, p. 265.
88. *Id.*, *ibid.*
89. *Newsweek*, 22 mai 2005.
90. *Le Monde*, 20 mai 2005.
91. *Le Monde*, 17 août 2005.
92. *Le Figaro*, 1er mai 2005.
93. *Le Monde*, 20 mai 2005.
94. *CB News*, 18 avril 2005.
95. *Le Nouvel Économiste*, 26 janvier 2006.
96. *CB News*, 29 août 2005.
97. Florence Amalou, *Le Livre noir de la pub*, *op. cit.*
98. *Casseurs de pub*, Lyon, 8, 2004.
99. Monique Dagnaud, « Les enfants, acteurs courtisés de l'économie marchande », rapport de février 2002, La Documentation française, p. 46.
100. Cité par N. Sapena, *op. cit.*

101. *Stratégies*, 20 octobre 2005.
102. *Les Échos*, 29 décembre 2005.
103. Jean-Louis Missika, *La Fin de la télévision*, Paris, Seuil, 2006.
104. « Google : une part d'AOL et une grosse part de pub », *Libération*, 22 décembre 2005.
105. *Le Monde*, 29 décembre 2005.
106. *Le Monde*, 22 septembre 2000.
107. *Le Monde*, 23 février 2006.
108. *Le Monde*, 18 novembre 2004.
109. www.lemonde.fr, 8 septembre 2004.
110. Jacques Séguéla, *Tous Ego. Havas, moi & les autres*, Paris, Jean-Claude Gawsewitch, 2005.
111. *Médias*, 1, été 2004.
112. *Le Monde*, 19 février 2005.
113. *CB News*, 28 février 2005.
114. www.lemonde.fr, 8 septembre 2004.
115. *Le Monde*, 19 février 2005.
116. Nicolas Riou, *Peur sur la pub*, Paris, Eyrolles, 2005, p. 94.
117. *Le Figaro*, 5 décembre 2005.
118. *CB News*, 13 février 2006.
119. Enquête Obépi-Roche, citée par *Les Échos*, 19 septembre 2006.
120. Lire « L'obésité des enfants commence par la télé », *Libération*, 27 septembre 2006.
121. *CB News*, 13 février 2006.
122. *Libération*, 30 novembre 2005.
123. *La Tribune*, 22 décembre 2005.
124. Lire N. Sapena, *op. cit.*, chap. XIII.
125. François Brune, « La pub, nouveau visage du totalitarisme », sur www.casseurs de pub.org (lien dans la partie documentation).
126. Lire « L'"antipub", un marché porteur », par François Brune, *Le Monde diplomatique*, mai 2004.
127. F. Brune, *Le Bonheur conforme*, *op. cit.*, p. 201.
128. *Libération*, 12 février 1982. Cité par Pierre Rimbert, Libération *de Sartre à Rothschild*, Paris, Raisons d'agir, 2005, p. 50.
129. *Id.*, *ibid.*
130. F. Brune, *Le Bonheur conforme*, *op. cit.*, p. 241.
131. Cité par F. Brune, *id.*, p. 232.
132. Naomi Klein, *No Logo*, Paris, Actes Sud, 2001, p. 240.

## TABLE DES MATIÈRES

DANS LA MÊME COLLECTION

– Pierre Bourdieu, *Sur la t l vision,*
suivi de *L Emprise du journalisme,* 1996

—Serge Halimi, *Les Nouveaux Chiens de garde* (1997),
nouvelle édition actualisée et augmentée, 2005

– Areser (Association de réflexion sur les enseignements
supérieurs et la recherche), *Diagnostics et rem des*
*urgents pour une universit en p ril,* 1997

– Julien Duval, Christophe Gaubert, Frédéric Lebaron,
Dominique Marchetti, Fabienne Pavis,
*Le ˙D cembre¨ des intellectuels fran ais,* 1998

—Pierre Bourdieu, *Contre-feux. Propos pour servir*
*la r sistance contre l invasion n olib rale,* 1998

– Keith Dixon, *Les vang listes du march* , 1998

– Jacques Bouveresse, *Prodiges et vertiges de l analogie,* 1999

– Loïc Wacquant, *Les Prisons de la mis re,* 1999

– Keith Dixon, *Un digne h ritier,* 2000

– Frédéric Lordon, *Fonds de pension, pi ge cons ?*
*Mirage de la d mocratie actionnariale,* 2000

– Laurent Cordonnier, *Pas de piti pour les gueux.*
*Sur les th ories conomiques du ch mage,* 2000

—Pierre Bourdieu, *Contre-feux 2.*
*Pour un mouvement social europ en,* 2001

—Rick Fantasia et Kim Voss, *Des syndicats domestiqu s.*
*R pression patronale et r sistance syndicale aux tats-Unis,* 2003

—Frédéric Lordon, *Et la vertu sauvera le monde*
*Apr s la d b cle financi re, le salut par l˙ thique¨?,* 2003

– Christian de Montlibert, *Savoir vendre.*
*L enseignement sup rieur et la recherche en danger,* 2004

– Pierre Tévanian, *Le Voile m diatique.*
*Un faux d bat: ˙l affaire du foulard islamique¨,* 2005

– Pierre Rimbert, Libération *de Sartre   Rothschild,* 2005

– Éric Hazan, *LQR. La Propagande du quotidien,* 2006

– Bernard Convert, *Les Impasses de la d mocratisation scolaire,* 2006

– Tariq Ali, *Quelque chose de pourri au Royaume-Uni. Lib ralisme et terrorisme,* 2006

Achevé d'imprimer sur rotative
par l'imprimerie Darantiere
à Dijon-Quetigny en
décembre 2008

Diffusion : Le Seuil
Dépôt légal : 1er trimestre 2007
N° d'impression : 28-1719

*Imprimé en France*